무심코 꺼낸 말투를 호감을 주는 말투로

바꾸어 말하기

YOKEI NA HITO KOTO WO SUKARERU SERIFU NI KAERU IIKAE ZUKAN
ⓒ Moeko Ono, 2020
Original Japanese edition published by Sunmark Publishing, Inc.
Korean translation rights arranged with Sunmark Publishing, Inc.
through Shinwon Agency Co.
Korean translation rights ⓒ 2022 by SAEROWOON JEAN Publishing Co., Ltd.

무심코 꺼낸 말투를 호감을 주는 말투로

바꾸어 말하기

초판 1쇄 인쇄   2022년 03월 02일
초판 1쇄 발행   2022년 03월 10일

지은이   오노 모에코
일러스트   야마사키 미노리
옮긴이   김소영
펴낸이   한준희
펴낸곳   ㈜새로운 제안

디자인   이지선
마케팅   문성빈 김남권 조용훈
영업지원   손옥희 김진아

등록   2005년 12월 22일 제2020-000041호
주소   (14556) 경기도 부천시 조미루로 385번길 122 삼보테크노타워 2002호
전화   032-719-8041   **팩스**   032-719-8042
이메일   webmaster@jean.co.kr   **홈페이지**   www.jean.co.kr

ISBN   978-89-5533-628-3 (03190)

• 책값은 뒤표지에 있습니다.
• 잘못 만들어진 책은 구입하신 서점에서 교환해 드립니다.

무심코 꺼낸 말투를 호감을 주는 말투로

바꾸어 말하기

오노 모에코 지음 · 김소영 옮김

새로운제안

Prologue

• 무의식중에 내뱉는 말이 당신의 이미지를 만든다

나쁜 뜻은 없었는데 무심코 한마디 꺼냈다가 상대의 심기를 불편하게 만들었던, 그런 쓰라린 경험은 누구나 있을 것이다.

혹은 어떠냐고 물어봤을 뿐인데 상대방이 짜증을 낸 경우,

상대방을 위한다고 좋은 뜻으로 말했는데 상처를 줬다거나

회사에서 상사나 부하와 대화할 때 삐걱대는 경우 등……

앞의 상황들은 관공서나 기업에 다니는 사회인 2만 명 이상을 대상으로 연간 150건이 넘는 강연과 연수를 통해 커뮤니케이션 지도를 해오면서 자주 듣는 고민들의 유형이다.

나는 오랫동안 여러 기업 내에서 건강 관리실의 카운슬링을 담당하며 많은 분들의 상담을 들어 주었다. 그 가운데 90% 이상이 상사와의 갈등, 부하 지도, 거래처 문제, 가정불화 등 인간관계에 관한 것들이다.

‘말’이란 참 무서워서 한 마디만 잘못 전해도 인간관계에 금이 가거나, 돌이킬 수 없는 상황을 만들기도 한다. 하지만 자신이 무심코 꺼낸 말이 상대의 신경을 건드린다는 자각조차 하지 못하는 사람이 더 무섭다. 그런 상태로 부정적인 말투가 몸에 배어, 주변 사람들과 관계를 형성하는 데 어려움을 겪는 사람들이 무척 많다.

‘직장인 괴롭힘 방지법’의 영향으로 회사 내에서 커뮤니케이션을 할 때 더욱 큰 배려가 필요해졌다. 무의식중에 무심한 소리를 내뱉는 사람들은 ‘갑질’로 이어지기 쉬우므로 더욱 주의해야 한다.

그러나 섣불리 말했다간 실수할지도 모른다는 생각에 하고 싶은 말을 꾹꾹 눌러 담고 타인과 대화하기를 피하면 서로 알아갈 기회를 더 잃게 될 것이다.

• 긍정적인 말로 '호감을 주는 사람'이 되자

애초에 사람과 사람 사이에는 대화 없이는 아무 것도 성립하지 않는다. 특히 회사와 같은 비즈니스 현장에서 상하 관계나 입장이 다른 사람들이 팀으로 뭉쳐 업무를 수행하는 경우에는 더 그렇다.

일상적인 인사나 대답하는 방법을 비롯하여 부탁하기, 거절하기, 배려하기, 칭찬하기, 주의주기, 사죄하기 등등…….

그런 온갖 상황에서 자신의 의중을 제대로 전하면서도 상대방이 신뢰하고 안심하며 호감으로 받아들일 수 있는 말투를 하나라도 더 많이 익힐 필요가 있다.

직접 얼굴을 마주 보고 하는 대화뿐 아니라 메일, 채팅, SNS 등의 커뮤니케이션 수단을 쓸 때도 마찬가지다.

이 책에서는 무심코 꺼낸 말투에서 호감을 주는 말투로 바꾸는 패턴 138가지를 15장의 상황으로 나눠서 해설했다.

긍정적인 표현은 인간관계에 좋은 영향을 미친다.

호감을 주는 말이 즉각적으로 나오면, 전하기 어려운 말을 해도 상대방은 상처받지 않고 순순히 받아들일 수 있다. 그러한 긍정적인 커뮤니케이션의 비결이 몸에 배면 주변 사람들에게 좋은 인상을 주게 되어 신뢰 관계를 쌓아나갈 수 있다.

말이란 똑같은 뜻을 전하더라도 어떤 식으로 말하느냐에 따라 상대방은 완전히 다른 뜻으로 받아들일 수가 있다. 이 책에서 소개하는 다양한 사례들을 보고 '나도 이랬다가 혼쭐이 난 적이 있는데', '나도 당해봤더니 화가 나더라', '나도 겪어봤는데!' 하며 본인이나 주변 사람들의 언행을 돌아보며 읽기 바란다.

이 책을 읽고 좋은 방향으로 말투가 바뀌어 인간관계가 개선되는 계기로 이어진다면 더 없이 기쁠 것이다.

- 오노 모에코

목차

제 2 장　부탁하기 40

제 5 장　칭찬하기　98

제 6 장 **반응하기** 118

제 **9** 장　**타인과의 거리**

제 10 장   들어주기   214

제13장 **부정적인 의견** 264

제1장

인사하기

'인사'는 사람의 첫인상을 결정하는 중요한 의식이다. 상대에게 안도감과 신뢰감을 줄 수 있는 가장 중요한 커뮤니케이션 수단인 것이다. 서로 웃는 얼굴로 기분 좋게 인사를 나누면, 그 후의 대화도 수월하게 이어질 수 있다. 반대로 무례한 인사를 해서 상대에게 '기분이 안 좋나?'라는 불쾌감을 심어 주게 되면 큰 이미지 손상으로 이어진다. 한번 마이너스로 떨어진 첫인상을 플러스로 돌리기란 그렇게 호락호락하지 않다.

인사와 달리 '인사치레'는 인간관계에서 그다지 필요하지 않다. 하지만 자신의 호감도를 올리고 싶거나 관계성을 유지하고 싶어서 '다음에 점심이라도 해요'라는 등의 인사치레를 무심결에 말하는 경우가 종종 있다. 그러나 그럴 마음도 없으면서 허구한 날 차를 마시자거나 점심을 먹자는 인사치레를 남발하면 오히려 상대는 부정적인 느낌을 갖게 된다. 그럼에도 만약 인사치레라도 하고 싶다면 티가 나지 않도록 은근슬쩍 두루뭉술한 표현을 써서 상대에게 기대감을 주지 않는 것이 중요하다.

수고하세요 / 수고하십니다

먼저 들어가겠습니다 / 안녕하세요

◎ 호감을 주는 한마디

윗사람에게 '수고하세요'는 실례!
인사 한마디 잘못하여 상대를 언짢게 할 수 있다.

신입사원이 거래처 관리자에게 '수고하세요'라고 인사를 건넸다가 화를 돋운 일이 있었다. '수고하세요'라는 말은 '앞으로 고생(수고)스러운 일이 있을 것'이라는 의미에서 **윗사람 또는 상사에게 쓰면 실례가 되는 표현**이기 때문이다.

그러나 안타깝게도 이 말을 별생각 없이 쓰는 사람이 있다. 물론 대수롭지 않게 넘기는 사람도 있겠지만, 상대에 따라서는 '누가 자네한테 고생하라는 말을 듣고 싶은 줄 아나!'라며 언짢게 생각하는 사람도 있다.

직장에서 다른 사람보다 먼저 퇴근하는 경우 **'먼저 들어가겠습니다', '내일 뵙겠습니다'**처럼 무난한 표현으로 인사하는 것이 좋다. 만날 때 인사를 한다면 '수고하십니다', '고생이 많으십니다'라는 말보다 **'안녕하세요', 좋은 아침입니다', '실례합니다'**처럼 표현하도록 하자.

'수고하셨습니다', '고생하셨습니다' 등의 말도 상대방의 일에 대한 평가의 의미를 담고 있으므로 윗사람에게는 쓰지 않는 것이 좋다. 상황에 따라 '도와주셔서 감사합니다', '잘 다녀오셨어요?', '맡으신 일이 무사히 해결돼서 다행이네요'라는 식으로 말하면 마음이 전해질 것이다.

인사는 인간관계를 만드는 매우 중요한 윤활유다. 상대의 기분을 상하게 하지 않는 **작은 배려심**, 그것 하나만 명심하도록 하자.

 **무심코 꺼낸** 한마디

큰일이네, 힘드시겠어요

일이 많이 바쁘신가 봐요

◎ **호감을 주는** 한마디

'힘들다'라는 말에서는 경솔한 동정심이 느껴진다

기본적으로 사람은 자신의 상황이나 마음에 공감해 주길 바라는 마음으로 타인을 대한다.

　'이런 일이 있었어', '이런 심정이었어'라는 걸 알아 줬으면 하는데, **한 덩어리로 싸잡아서 '큰일이네, 힘드시겠어요'**라는 말로 정리하는 것은 겉만 번지르르한 인사치레로 들리기도 해서 상대에게 불쾌감을 줄 수 있다. **남일 이야기하듯 느껴지기 때문**이다.

　예를 들어 '감기가 걸려서요', '요즘에 일이 좀 바쁘네요'라는 말에 '큰일이네, 힘드시겠어요'라고 대답한다고 하자. 위로할 생각으로 건넨 말이라 할지라도, 상대방이 '힘들다'라는 생각을 하지 않는다면 대답하기가 난처할 것이다. 또한 사람에 따라서는 기쁜 일도 힘들다는 식으로 말하기도 하기 때문에 '쉬는 날에도 애랑 놀아주느라 바빠'라는 사람에게 '그거 큰일이네요'라고 진지하게 대답하는 것도 오지랖이다. '그래서 행복한 건데'라며 날 선 반응을 보일지도 모른다.

　만약 정말로 힘든 일이 있다 해도 타인은 당사자의 괴로움을 헤아릴 수 없다. 오히려 남에게 '힘들다'라는 판정을 받으면 마음은 점점 더 부정적으로 흐르게 된다.

　그러니 먼저 '힘들다'라는 부정적인 단어를 함부로 입에 담지 말 것. 그보다는 **상대방이 한 말을 반복하면 공감하는 마음**을 더 잘 나타낼 수 있다. '요즘 통 쉬는 날이 없어서'라는 말에는 **'쉬지도 못할 정도로 바쁘시군요'**라는 식으로 말이다. 특히 인사와 함께 대화를 시작할 때는 '상대방이 한 말을 그대로 받아서 말하는 것'이 중요하다.

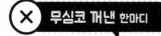

좀 피곤해 보이네

↓

잘 지냈어?

'피곤해 보인다'라는 말을 들으면 진짜 피곤해질지도

"잘 지냈어?"

"잘 지냈지. ○○도 좋아 보이네!"

이렇게 인사를 나누면 기분이 좋다.

하지만 가족도 아닌 사람에게 만나자마자 **'어디 아파?', '좀 피곤해 보이네'**라는 말을 들으면 왠지 기분이 좋지 않다. 꼭 '오늘 너 초췌해 보인다', 혹은 '낯빛이 안 좋아 지쳐 보인다'라는 말을 돌려 말하는 것 같기 때문이다. 그런 말들은 기분을 **'마이너스 방향'**으로 끌어당긴다.

혹시라도 정말 피곤한 상태였다면, '이런저런 일들 때문에 피곤하긴 하지만 그렇게 콕 집어서 확인 사살을 하다니……'라며 괜히 더 타격을 받을 것이다.

만약 피곤하지 않은 상태였다면, '오늘은 힘이 넘치는데 그렇게 피곤해 보이나? 나 괜찮은 건가?' 하며 괜한 걱정과 함께 왠지 기운이 빠질 것이다. '모든 병은 마음에서 비롯한다'고들 하는데, '피곤해 보인다'라는 말을 하루에 몇 번이나 들으면 정말로 몸이 안 좋게 느껴져서 '빨리 집에 가서 잠이나 자고 싶다'라는 생각이 들기 마련이다.

혹여 상대방이 지쳐 보여서 걱정이 된다 해도 부정적인 말을 긍정적으로 바꿔서 '잘 지냈어?'라고 말을 걸어 보자. **'오랜만이야! 잘 지냈어?'** 하며 되도록 밝은 어투에 신경을 쓰면서 말이다.

호감이 가는 사람이란 이야기하는 **상대의 마음이 긍정적인 방향으로 흘러가도록 커뮤니케이션**을 할 줄 아는 사람이다.

일은 잘돼?

요즘 어때?

'네'와 '아니오'라는 대답밖에 나올 수 없는 질문으로 추궁하지 말 것

가볍게 인사할 요량으로 '일은 잘돼?'라는 질문을 던져 본 적 있는 사람, 분명 있을 것이다. 사실 이러한 질문은 배려심이 약간 부족한 말이다. 잘되는지 잘되지 않는지, **'네' 또는 '아니오'라는 대답을 재촉하는 '닫힌 질문(클로즈드 퀘스천)'**이기 때문이다. 특히 대답하기 싫은 화제를 '닫힌 질문'으로 하게 되면 상대방은 궁지에 몰린 듯한 기분이 들어 분위기가 어색해지기 십상이다. '그걸 알아서 뭘 할 건데?'라며 당황하는 사람도 있을 것이다.

　만약 일이 잘되고 있다 해도 대 놓고 자랑할 수도 없는 노릇이라 '그럭저럭하고 있죠'라며 얼버무리게 된다. 하물며 일이 꼬이는 상황에서는 당연히 더 대답하기가 싫어질 테니 어쨌든 간에 대답하기 곤란한 질문인 것은 매한가지다.

　일뿐만 아니라 무슨 질문을 해도 똑같다. 예를 들어 학교에 다녀온 아이에게 '오늘 학교 재밌었니?' 하고 물어보면, 재미있었다는 대답을 바라는 듯한 느낌이 들기 때문에 안 좋은 일을 섣불리 입에 담기가 어렵다. 화제를 상대방이 고를 수 있도록 **'학교에서 어땠어?'라는 식으로 '열린 질문(오프닝 퀘스천)'**을 해 보도록 하자. '어때?'라는 질문에 대한 대답은 그 대상이 넓고 뉘앙스도 부드러워서 질문을 받은 사람은 답하고 싶지 않은 화제를 피해서 대답할 수 있다.

　'어때?'라는 질문은 상대방이 하고 싶은 이야기를 선택할 수 있는 편리한 말이다.

저 기억하세요?

↓

그때 봤던 ○○입니다

 호감을 주는 한마디

자신이 먼저 이름을 밝히는 것이 상대에 대한 배려다

오랜만에 만난 사람에게 '저 기억하세요?'라는 질문을 듣고 당황스러울 때가 있다. 마치 **'기억을 하는지 못하는지' 시험하는 듯한 기분**이 들기 때문이다. 만약 기억이 나지 않는다면 괜히 '무례한 사람'이 된 것 같아 불편해진다.

　'죄송해요, 바로 기억이 안 나서'라며 솔직하게 말할 수 있는 분위기라면 괜찮지만, 대부분 '아, 그때 그분?' 하며 말을 흐리기만 하고 대답하기 난처할 때가 많다. 물론 순간적으로 생각이 나지 않을 때도 있겠지만, 대부분은 크게 인상에 남아 있지 않기 때문에 기억하지 못하는 것이다. 그런데 마치 죄를 지은 듯한 기분을 누가 맛보고 싶겠는가.

　'기억해?'라는 말과 조금 뉘앙스가 다르지만, '이거 알아?'라는 말도 상대방에게 실례가 되는 질문이다. '나는 아는데 넌 모르지'라는 생각이 전제에 깔려 있어서 얕잡아 본다는 느낌이 들기 때문이다. 한술 더 떠서 몰랐을 경우에 '뭐? 모른다고?'라고 딱 잘라 말하기까지 하면 더 최악이다. 관심이 없어서 모를 뿐인데 왠지 혼이 나는 듯한 기분이 들어 기분이 나쁠 수 있다.

　따라서 오랜만에 만난 사람에게는 **상대를 시험하는 듯한 질문을 하지 말 것**. 인사를 할 때도 **'저는 그 행사에서 뵀던 ○○예요'**라며 먼저 이름을 밝히자. 자신이 아는 이야기를 알려주고 싶을 때는 '저 이 얘기 듣고 정말 재미있었는데요'라고 미리 알릴 것. 그게 상대를 위한 배려이다.

バ ヌ 어 **06** 말 하 기

언제 점심이라도 해요

월말쯤에 같이 점심 먹어요

◎ 호감을 주는 한마디

인사치레와 진심의 차이는 말의 '구체화'에서 갈린다

일을 같이하는 동료나 친구와 헤어질 때 '다음에 점심 같이 먹어요!' 하고 인사할 때가 종종 있다. 단순히 '안녕히 가세요', '또 보자'라는 말만 하기에는 정이 없어 보여서 인사치레를 할 생각으로 '점심 같이 먹어요!' 하고 말하기도 할 것이다. 하지만 사람들은 그 말을 다양한 뜻으로 받아들인다.

'조만간 또 연락할 테니 점심이라도 먹어요', '여유 생기면 점심이라도 해요'처럼 어설프게 마음이 있는 듯한 투로 말하면, '점심 같이 먹자고 했으면서 연락이 없네'라며 상대방을 실망시킬 가능성이 있다.

어떤 사람들은 '저 사람은 맨날 말뿐이야'라며 날을 곤두세울지도 모른다. 그런 인상이 박히고 나면 막상 점심을 같이 먹고 싶어도 진심으로 상대해 주지 않아 양치기 소년이 된 듯한 기분이 들 수도 있다.

만약 **'진심으로'** 점심을 제안하고 싶다면, **'다음에 꼭 점심 같이해요. 이번 달 말쯤에 시간 어떠세요?'**처럼 **'구체적'**으로 대화를 진행하자. 혹시 상대방과 시간이 맞지 않더라도 그 자리에서 '대안'을 제시하자. 그래도 조정이 되지 않는다면 상대방이 인사치레로 대답하고 있을 가능성도 있기 때문에 무리해서 약속을 잡지 않아야 폐가 되지 않는다. '진심'과 '인사치레'를 착각하거나 착각하게 만들지 않도록 의식하자.

바 꾸 어 **07** 말 하 기

 **무심코 꺼낸** 한마디

연락이 없어서 걱정했잖아요

오랜만에 연락 주셔서 정말 감사해요

◎ **호감을 주는** 한마디

상대방을 탓하기보다는 자신의 마음을 솔직하게 전하자

연락해서 오랜만에 만난 친구가 '하도 연락이 없길래 걱정했어'라는 말과 '오랜만에 연락 줘서 고마워'라는 말을 했다고 하자. 어떤 말을 들었을 때 더 기분이 좋은가? 전자와 후자는 받는 인상이 완전히 다르다.

예를 들어 친구에게 오랜만에 연락했더니 '요즘에 연락이 통 없길래 어디 안 좋은 줄 알았잖아'라는 말이 날아오면 왠지 죄를 지은 듯한 기분이 든다. '기껏 연락했더니 사람을 병자 취급하네'라며 못마땅해하는 사람도 있지 않을까?

한편 **'연락 줘서 너무 좋다, 고마워. 잘 지내는 것 같아서 다행이야'** 라는 말을 들으면 기분이 나쁘지도 않고 오히려 '연락하길 잘했다'라며 기분 좋게 이야기할 수 있다.

오랜만에 연락을 준 상대에게 대답을 할 때는 또 한 가지 주의점이 있다. 무심결에 **'나도 연락하려고 했는데'**라는 말이 나올 때가 있다. 그 말 속에는 '먼저 연락하지 않아서 미안하다'는 마음이 담겨 있을 텐데, 그 말을 들은 상대방은 '그럼 왜 먼저 연락 안 했어?'라며 불쾌하게 생각할 수도 있다.

그러니 먼저 연락을 준 상대에게 대답을 할 때는 괜한 배려는 빼고 '연락 줘서 너무 좋다, 고마워!'라며 **기쁨이나 감사의 마음**만 솔직하게 전달하도록 하자.

바 꾸 어 **08** 말 하 기

× 무심코 꺼낸 한마디

많이 배웠어요

불만족 고객에 대응하는 이야기가
특히 참고가 됐어요

◎ 호감을 주는 한마디

'구체적인 말'을 더하면 상대방에게 잘 전달된다

대화 중에 상대방의 이야기를 듣고 '소감'을 전할 기회가 자주 있다. 그 내용을 **'많이 배웠어요', '공부가 됐어요', '참고가 됐어요'**라는 막연한 말로만 표현하면 그저 인사치레로 보이기 쉽다. 특히 상대방이 거래처 직원이나 상사일 때는 무난하게 대답해야겠다는 생각에 이런 말이 나오기 십상이다.

그러나 상대방이 최선을 다해 해 준 일을 **고작 한마디로 간단히 정리**하면 상대방은 힘이 빠질 때가 있다.

어느 회사원이 상사에게 조언을 받을 때마다 '많이 배웠어요'라고 대답했더니, '허구한 날 배우기만 하고 실천은 언제 할 거야!'라며 혼쭐이 난 적이 있다고 한다.

그렇다고 해서 어려운 말을 할 필요는 없다. 누구나 사용하는 진부한 말에서 그치지 말고, **'자신의 의견'을 넣어서 이야기**하는 것이 중요하다. 특히 이야기를 듣고 소감을 말할 때는 '고객 불만족을 어떻게 대응해야 할지 항상 고민이 많았는데 실제 사례 이야기를 해 주신 게 특히 참고가 됐어요'라는 식으로 무엇이 도움이 됐는지, **한마디라도 좋으니 '구체적인 의견'을 더해서 전하는 것**이다.

길게 설명할 필요는 없지만, '무엇이' 좋았는지 한마디 덧붙이기만 해도 받아들이는 쪽의 인상이 달라진다. 자신의 생각이나 마음을 '언어화'할 수 있도록 천천히 자신을 들여다보는 시간도 만들어 보기를 추천한다.

오늘은 좋아 보이네요

오늘도 정말 훌륭하게 마무리하셨군요

◎ 호감을 주는 한마디

'오늘은'은 ×, '오늘도'는 ○.
칭찬은 상대를 존중하고 가치를 인정하는 마음으로!

'오늘도 좋아 보이네.'

이런 말을 들으면 기분이 나쁘지 않지만, '오늘은 좋아 보이네'라는 말을 들으면 조금 실망스럽지 않은가? **'오늘은'**은 '평소에는 좋아 보이지 않지만 오늘만큼은 다르다'라는 부정적인 의미를 담고 있고, **'오늘도'**는 '늘 좋아 보이지만 오늘도 좋아 보인다'라는 긍정적인 의미를 담고 있기 때문이다. 말하는 사람은 '은'과 '도'를 무심코 사용할지라도, 상황에 따라 생각지 못한 오해를 불러일으킬 때도 있다.

전에 어떤 여성에게 들은 이야기가 인상적이었다. 그 여성이 애인과 휴일에 데이트를 하게 되었다고 한다. 원피스까지 새로 사서 입고 잔뜩 꾸미고 갔더니 '오늘은 예쁘네'라고 했단다. 그 뜻을 '평소에는 예쁘지 않다고 생각했던 거구나' 하고 받아들인 그녀는 풀이 죽어 며칠 동안 화를 냈다고 한다. 극단적인 예이기는 하지만, **'은'과 '도'를 사용할 때는 그만큼 주의가 필요**하다.

앞의 이야기는 애인 사이의 관계이므로 별 상관이 없겠지만, 사회에서는 외모에 대한 평가나 칭찬은 절대 함부로 하지 않아야 한다. 자신도 모르는 사이에 차별과 혐오, 불편한 농담이 되어 상대를 불쾌하게 만들고 괴롭히는 결과를 낼 수 있기 때문이다. 칭찬은 마음에서 우러나오며 상대를 존중하고, 가치를 인정하는 마음으로 진심을 전해야만 한다. 회사에서 일과 관련이 없는 과도하거나 무의미한 칭찬, 다른 사람에게 드러내려고 하는 칭찬, 목적과 의도가 숨겨진 나쁜 칭찬은 오히려 독이 된다는 점을 명심하자.

제 2 장

부탁하기

'어떻게 부탁해야 상대방이 기분 좋게 받아들일까?' 누구나 머리를 감싸 쥐게 되는 문제인 것 같다. 상대방에게 '이 사람에게 도움이 된다면 바빠도 수락하자', '나한테도 도움이 될 것 같으니까 해 보자'라는 생각이 들게 만들었다면 대성공이다. 반대로 '내가 얼마나 바쁜지도 모르면서 부탁하면 어쩌자는 거야', '떠넘기지 마'라며 반감을 사는 경우도 종종 있다.

부탁을 할 때는 먼저 상대방의 스케줄을 묻는 것이 밑바탕에 깔려 있어야 한다. 또한 부탁하고 싶은 안건에 필요한 기술이나 지식이 있는지 확인할 것. 그리고 본인에게 도전이 될 만한 업무라면 열심히 달성했을 때 실적이 올라간다는 장점까지 설명해 주는 것도 중요하다.

평소에는 그렇게 친하지 않으면서 필요할 때만 일을 시키는 사람은 반감을 불러일으킨다. 상대방이 기분 좋게 받아들이기 위해서는 자신이 먼저 기분 좋은 대화를 하도록 신경 쓰는 노력이 필요하다.

 무심코 꺼낸 한마디

제대로 / 똑바로 / 철저하게

이 작업은 여기까지 해 주세요

◎ 호감을 주는 한마디

지시를 내릴 때는 구체적으로 해야 참사를 막을 수 있다

꼼꼼한 작업을 바랄 때 종종 **'철저하게 부탁해요'**라고 말한다. 이 표현은 44 페이지의 '잠깐'과 마찬가지로 의미가 불분명하기 때문에 주의가 필요하다.

알기 쉬운 예로 건설 현장이나 공장에서 자주 듣는 이야기를 소개하겠다. 위험을 무릅쓰고 일하는 사람들에게 '철저하게 제대로 안전 확보를 하기 바랍니다'라고 지시를 내렸다고 하자. '철저하게'라는 말은 어감이 무척 세지만, 기본적인 이해가 있으면 문제가 없어 보인다고 생각하기 쉽다. 그러나 현장에는 외주나 하청도 많아서 기본적으로 해야 할 업무 내용을 이해하지 못하는 사람도 있다. 그 사람들이 개개인의 감각에 따라 '이 정도면 됐겠지' 하고 판단했다가 부상을 당하거나 사고를 일으키는 경우가 많다.

이런 사태를 피하기 위해서는 **'이 작업은 OO까지 두 번 이상 점검해서 안전을 확보해야 합니다'** 하고 누가 들어도 이해할 수 있는 구체적인 상황과 숫자 등을 넣어 '자세한 지시'를 내려야 한다.

'철저히'와 비슷한 말로 '제대로', '똑바로', '확실히'도 자주 쓰이는데, 말을 하는 이와 듣는 이 사이에 '무엇을 어디까지 하는지' 확인하지 않으면 트러블이 생기기 마련이다.

자신의 바람이나 기대는 하나부터 열까지 자세히 설명해야만 남들도 이해할 수 있다. 그러니 귀찮더라도 상대방에게 일일이 전달하는 것이 결과적으로 일이 수월하게 진행되는 비결이다.

잠깐 괜찮아요?

10분 정도 시간 괜찮으세요?

◎ 호감을 주는 한마디

명확하지 않은 표현은 피하고
시간이나 기일까지 전하는 것이 포인트

'잠깐 괜찮아요?'

이렇게 말을 걸 때가 종종 있다. 하지만 이 '잠깐'이라는 말은 **사람에 따라 느끼는 감각이 완전히 다르다.** 3분, 30분, 1시간을 잠깐이라고 생각하는 사람도 있고, '식사라도 하면서 얘기하는 게 나으려나?' 하고 생각하는 사람도 있다. 이 시간 감각의 차이가 바로 사람끼리 틀어지는 가장 큰 원인이 될 때가 많다.

예를 들어 회사에 전화를 걸었을 때, '지금 담당자가 부재중이라 나중에 전화하라고 할게요'라는 말을 들었다고 하자. 이 '나중에'는 당신이 느끼기에 어느 정도인가? 내가 기업 연수를 할 때 이 질문을 했더니, 보란 듯이 다양한 대답들이 돌아왔다. 짧게 생각하는 사람은 5분, 10분 정도에서 30분이나 몇 시간 정도를 생각하는 사람도 있었다. 심하면 그날 안으로 해도 된다고 생각하는 사람부터 이튿날까지 생각하는 사람도 있었다. 5분과 이튿날이라니, 상당히 큰 차이다.

즉 **'잠깐', '나중에'라는 두루뭉술한 말** 하나로 상대방이 자신의 의도를 알아줄 것이라 생각하면 큰 오산이다.

따라서 상대의 시간을 빌리고 싶을 때나 대답을 기다리게 할 때는 **'10분 정도 시간 괜찮으세요?', '내일 낮까지 답변드리겠습니다'**라는 식으로 구체적인 기한이나 기일을 얘기하자. 또한 만약 그 약속을 지키지 못할 것 같으면 미리 변경되었다고 양해를 구해서 약속을 깨지 않는 것도 중요하다.

 무심코 꺼낸 한마디

되도록 빨리 부탁해요

이번 달 말까지 부탁해요

◎ 호감을 주는 한마디

'되도록', '빨리'도 불명확하고 위험한 표현

직접 보고 이야기할 때뿐만 아니라 메일이나 채팅으로 부탁을 할 때도 많은 사람이 무의식중에 괜히 **'되도록', '가능하면'**이라는 말을 덧붙일 때가 있다. 부탁을 하는 입장에서는 상대방을 배려할 생각일지 몰라도, 듣는 입장에서는 '완성되면 달라는 건가?' 하며 우선순위를 뒷전으로 두게 되는 말이다.

　반대로 바쁜 사람들은 스케줄의 우선순위를 항상 따지기 때문에 언제까지 해야 하는지 명확히 알 수 없어 대응하기가 어려워지는, 민폐를 끼치는 표현이기도 하다.

　따라서 **'이번 달 말까지** 이 안건을 부탁하고 싶은데, 어려우면 말씀해 주세요' 하고 명확하게 원하는 것을 전달하자. 괜히 상대방을 생각해 준답시고 두루뭉술하게 표현하면 '되도록이라고 하셨잖아요. 일이 바빠서 아직 시작을 못 했어요' 하고 태연하게 대답하는 사람도 있다.

　'되도록 빨리' 역시 '되도록이라고 했으니까 바로 안 해도 되겠지' 하고 받아들일 가능성이 있다. '빨리'도 **사람에 따라서는 전혀 다른 해석을 하는 두루뭉술한 표현**으로 트러블의 씨앗이 되기 쉬우니 쓰지 않는 것이 좋다. 이럴 때는 '이 안건을 이번 주 금요일 오후 5시까지 부탁할 수 있을까요?' 하고 구체적으로 물어봐야 한다. 그리고 상대에게 '예스'나 '노'라는 확답까지 얻어낼 것. 그렇게 하면 '그런 뜻이 아니었는데'라는 인식의 차이가 없어지고 이야기가 수월하게 진행된다.

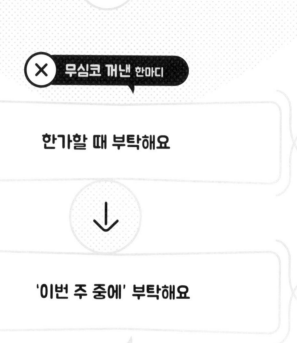

❌ **무심코 꺼낸** 한마디

한가할 때 부탁해요

↓

'이번 주 중에' 부탁해요

◎ **호감을 주는** 한마디

'배려'나 '사양'이 트러블의 원인이 될 때도 있다

조심스럽게 상대방을 배려한 나머지, 오해를 불러일으키는 무심한 한마디는 아직 많다. 예를 들어 **'한가할 때'**, **'시간 날 때'**, **'급한 건 아닌데'**라는 식으로 상대방의 형편을 우선시하는 부탁 방법이다.

그런 '전제'를 두고 부하에게 일을 맡긴 상사가 '그 건 어떻게 됐어?' 하고 물었다가 '시간이 없어서 못했어요'라는 말이 돌아올 때가 종종 있다. 그 대답에 조바심이 난 상사가 '왜 안 했어!' 하고 거칠게 다그치다가 사내 심리 상담 창구에 '직장내 괴롭힘'으로 신고를 당하는 경우도 있었다.

누구에게나 시간은 소중하기 때문에 반드시 해야 할 일 말고는 자꾸만 '뒷전'으로 돌리기 마련이다. 그러다가 어쩌다 '한가한 시간'이 생기면, 우선 자신을 위해 쓰고 싶어질 것이다. 물론 정말 급하지 않아서 하거나 말거나 상관없는 어중간한 안건도 있을 것이다. 하지만 어떤 업무든 마감이 따라온다.

남에게 부탁을 할 때는 **'늦어도 2주 이내에 부탁할게'**라는 식으로 기일을 명확히 해야 한다. 그런 상태에서 스케줄 조정이 필요할 때는 시간이 지날수록 상대방의 일정도 점점 채워지기 때문에 원하는 날짜를 물어본다면 바로 답장할 것. 혹은 먼저 날짜를 제시하면서 **'내일까지 답장 주세요'** 하며 단기간에 결정할 수 있도록 대화를 하면 좋을 것이다.

바 꾸 어 **14** 말 하 기

이거 어떻게 안 될까요?

이 부분이 좀 불분명하니까 바꿔 주세요

◎ 호감을 주는 한마디

막연히 던지면 갑질이 될 가능성이 크다

태연하게 말을 막 던지는 상사만큼 부하에게 폐를 끼치는 존재는 없다. 때에 따라서는 상사와 부하직원의 갈등이 걷잡을 수 없이 커지는 심각한 문제로 발전할 가능성도 있다. 그 대표적인 말이 **'어떻게 좀 해 봐'**라는 식으로 **막연하게 지시하거나 명령**하는 것이다.

전에 이런 상담을 받은 적이 있다. 자신이 만든 자료를 본 상사에게 '이거 어떻게 좀 더 안 되겠어?' 하고 몇 번이나 지적을 받고 마음에 상처를 입었다는 분이 있었다. 그분은 '어느 부분을 고쳐야 할까요?' 하고 상사에게 물었다는데, '그런 건 직접 생각해'라며 답을 주지 않는 바람에 몇 번이나 고치고 또 고치는 동안 압박감이 심해졌다고 한다. 앞으로 이런 문제는 늘어날 것이다. 부하와의 갈등을 키우지 않으려면 한 층 더 주의가 필요하다.

이러한 사태를 피하기 위해서는 **'이 부분이 명확하지 않으니까 바꿔 줘'**, **'이걸 이런 식으로 바꿀 수 있을까요?'** 등 '구체적인 지시'를 내릴 필요가 있다.

일을 부탁할 때나 서둘러 달라고 할 때도 '어떻게 안 되겠어?'라고 부탁하는 사람이 있는데, 이것도 좋지 않다. **'이 업무는 이번 주 중에 납품을 해야 되니까 이 부분까지 좀 도와주시겠어요?'**, **'이 안건은 내일까지 부탁드릴게요'** 등 '기일과 내용'을 똑바로 전달해서 부탁하도록 하자.

무심코 꺼낸 한마디

이 정도 일은 할 수 있지?

이 일을 당신에게 부탁하고 싶어요

◎ **호감을 주는** 한마디

상대방을 낮잡아 보는 태도로 부탁을 하면 반감을 살 뿐이다 당신이 만약 상사에게 '**이 정도 일은 할 수 있지?**'라는 말을 들었을 때와 '**이 일을 꼭 당신에게 부탁하고 싶어요**'라는 말을 들었을 때, 언제 더 기분 좋게 받아들일 수 있는가? 전자처럼 상대방을 낮잡아 보고 시험하는 듯한 말을 하면 순순히 받아들이지 못하고 찜찜한 기분이 남는다. 반대로 자신에 대한 신뢰나 기대감이 느껴지게 부탁을 받으면 '할 수 있을 것 같아. 열심히 해 보자!' 하고 의욕이 생긴다.

그러니까 같은 부탁을 하더라도 **낮잡아 보는지, 아니면 기대를 받고 있는지**, 그 차이를 알 수 있는 말 한마디로 상대방의 반응은 180도 달라진다.

부탁을 받은 쪽은 자신이 어떤 부분을 기대받고 있는지, 상대방의 **의도**를 알고 싶어 한다. 그런 마음을 모르고 대충 부탁을 한다거나 어쩔 수 없이 맡겼다는 말투가 엿보이면 경계심이나 반감이 생겨 일에 대한 사기가 뚝 떨어지게 된다.

할 수 있는지 없는지에 대한 인식의 차이도 상당히 폭이 크다. 어떤 사람이 부하에게 '컴퓨터는 할 수 있나?' 하고 물었는데 '할 수 있다'라고 말한 사람에게 자료 작성을 부탁했더니, 실제로는 메일만 작성할 줄 알고 파워포인트를 할 줄 몰랐다는 이야기를 들은 적이 있다. 못한다고 대답한 사람도 있었는데, 그 사람은 파워포인트의 어려운 기술을 활용할 자신이 없을 뿐이었다고 한다. 그만큼 타인의 생각은 다르기 때문에 **무엇을 어디까지 할 수 있는지** 꼼꼼하게 확인하는 것도 잊지 말아야 한다.

무심코 꺼낸 한마디

잘 부탁해요

이 자료 잘 부탁해요

◎ 호감을 주는 한마디

'잘 부탁해요'의 남용과 사용법에 주의하도록

'잘 부탁해요'는 사회생활 속에서 가장 자주 쓰이는 말 중 하나다. 이 말이 불필요하다고 한다면 '그럼 내일부터 대체 뭐라고 해야 하지?'라는 생각이 들 수도 있는데, 그런 걱정은 필요 없다. 그 '사용법'에 신경을 써야지 **그 말 자체를 쓰지 말라는 뜻이 아니다.** 그냥 편리하니까 무의식중에 '잘 부탁해요'라는 말을 남용하면 생각지 못한 트러블로 이어질 때도 있다.

전에 이런 케이스가 있었다. 일을 의뢰하는 아주 길고 어려운 메일 끝부분에 '이상, 잘 부탁합니다'라는 말이 쓰여 있어서 화가 났다고 한다. 물어봤더니 '뭔지도 모르겠는 일을 통째로 던져 놓고 뭘 잘 부탁한다는 거야'라고 생각했다는 것이다. 그 사람의 말을 들은 주변 사람들도 대부분 동의했다. 아마 비슷한 경험이 있었던 모양이다.

이럴 때는 **'자료 작성 잘 부탁합니다'**처럼 **부탁하고 싶은 용건이 무엇인지를** 알기 쉽게 전달할 필요가 있다.

또한 어떤 일을 부탁받고 거절했는데도 '이어서 잘 부탁합니다'라는 말이 돌아오면 왠지 거부감을 느끼는 사람도 있다. 이렇게 무슨 일이든 습관처럼 마지막에 '잘 부탁합니다'라고 말하면 상대방을 불쾌하게 만들 때도 있으니 사용법에 충분히 주의하도록 하자.

하는 김에 부탁해

이 건도 추가로 부탁드려도 될까요?

◎ **호감을 주는** 한마디

'하는 김에 하는 건데 뭐 어때'라는 무례한 요청은 통하지 않는다

임원진과 직원의 의식 차이나 젊은 세대와 윗세대의 세대 차이를 느끼는 경우가 많아진 요즘 시대. 공보다 사를 중시하는 사람도 늘어나서 정해진 시간동안 자신의 일만 하면 되는 직장을 원하고, 회사의 상황에 따라 정당한 수당이 책정된 불가피한 야근도 본인의 사생활을 위하여 거부하는 사람도 생겨났다.

하지만 윗세대 중에는 야근을 대수롭지 않게 여기고 오히려 회사에 인생을 바친 사람들도 적지 않다. 그래서 자신들이 당연하게 생각해 왔던 것을 아래 세대에게도 바라기 때문에 끊임없이 트러블이 생기는 것이다.

'하는 김에 부탁해'도 그중 하나다. 이는 '할 수 있는 건 다 해 줬으면 한다'라고 생각하는 사람과 '어디까지가 내 일인지 구분을 확실히 하고 싶다'라고 생각하는 사람의 의견이 갈리기 쉬운 말이다.

특히 업무를 위탁받은 하청업체나 프리랜서처럼 안건마다 일을 받는 사람에게 **'하는 김에 하는 건데 뭐 어때'라는 안이한 생각은 통하지 않는다.** 악덕 기업으로 여길 가능성도 있다.

하물며 사원이라 할지라도 '하는 김에' 부탁하는 일은 보통 대단한 일이 아닌 경우가 많기 때문에 자신을 낮잡아 본다는 느낌을 받는다. 그런 생각을 갖지 않게 하려면 **'이 건도 추가로 부탁할 수 있을까요?'** 하고 처음에 했던 이야기와 따로 분리해서 부탁해야 한다. 또한 어디까지나 추가적인 업무이기 때문에 거절을 당하더라도 어쩔 수 없다고 각오한 후에 부탁해 보자.

바 꾸 어 **18** 말 하 기

 ✕ **무심코 꺼낸** 한마디

그건 하지 마세요

그건 이렇게 해 주세요

◎ **호감을 주는** 한마디

부탁할 때는 '부정형'이 아니라 '긍정형'으로

별생각 없이 사무실 문을 닫았을 때, '아, 문 닫지 마세요' 하고 지시를 받는 경우와 '문 계속 열어 놓으시겠어요?'라고 부탁받는 경우 중 언제가 더 기분 좋은가.

둘 다 '문을 연 상태로 둬라'라는 요청인데, 전자가 '○○하지 마라'라는 부정형인 것과 반대로 후자는 '○○ 해라'라는 긍정형이라 인상이 크게 달라진다. 이는 다양한 일상생활 속에서도 써먹을 수 있는 팁인데, 사람은 부정형으로 지시를 받는 것보다 긍정형으로 의뢰를 받을 때 더 잘 받아들인다.

부하가 실수를 했을 때도 '그건 하지 마세요'라며 과거에 했던 일을 부정하는 것보다는 '다음부터는 이렇게 해 주세요'라고 미래지향적으로 긍정적인 조언을 하면 마음을 열고 다음 일에 임할 수 있다. '이 자료는 절대 마감에 늦으면 안 돼요'라는 말보다 '이 자료는 마감을 꼭 지켜 주세요'라는 말에 더 동기 부여가 된다.

친구 사이에서도 마찬가지다. '이번 달에는 바빠서 못 만나'라고 하기보다는 **'다음 달에는 시간이 있으니까 만날 수 있어'**라고 하는 것이 서로 기분이 좋다. 부탁할 때뿐만 아니라 일을 할 때나 개인적인 일에서도 대화의 기본은 **'긍정형'**이다. '부정형'으로 말을 하는 사람은 상대방에게 마이너스 인상을 주어 이미지까지 나빠지므로 주의하자.

제 3 장

거절하기

거절하는 것을 참 어려워하는 사람들이 많다. '거절하면 미운 털 박힐 텐데', '거절하면 다음 일이 안 올 것 같은데'라고 걱정해서 불가능한 일이나 하고 싶지 않은 일을 억지로 수락했던 경험은 여러분에게도 있을 것이다.

먼저 기억해야 할 것은 '거절=거부'가 아니라는 것이다. 거절을 하면 상대를 부정하는 느낌이 들기 때문에 불쾌하지 않을까 걱정하는 사람들이 많은데, 그렇지 않다. 오히려 거절하지 못하고 상대방에게 폐를 끼쳐 관계가 틀어지는 경우도 있다. 거절을 잘하기 위해서는 미리 팁을 알아두면 좋다.

예를 들어 거절할 때는 반드시 이유를 설명할 필요는 없다. 또한 수락할 마음도 없으면서 어물쩍 넘길 생각은 하지 말자. '못해요', '안 가요' 하는 의사를 확실히 전달할 것. 관계성을 유지하고 싶다면 반드시 '대안'을 제안해야 한다.

⊗ 무심코 꺼낸 한마디

괜찮아요

알겠습니다 / 못하겠습니다

◎ 호감을 주는 한마디

'예스'와 '노'의 뜻이 모두 있는 '괜찮다'는 오해를 부른다

'괜찮다'라는 말은 '별로 나쁘지 않고 보통 이상이다', '탈이나 문제, 걱정이 되거나 꺼릴 것이 없다'라는 뜻이다. 그런데 반대의 뜻으로 '필요 없습니다', '안 하겠습니다', '못합니다'라는 **사양이나 거절의 의미로 사용되는 경우도 있어 오해를 불러일으키기 쉽다.**

'괜찮다'라는 말을 '수락'의 의미로 표현한 것인지, '거절'의 의미로 표현한 것인지에 따라 결과는 정반대로 나타난다. 물론 듣는 사람이 편리한 대로 해석하여 상황을 판단한 책임도 있지만, 오해를 불러일으킬만한 표현을 무의식적으로 사용하는 사람에게도 문제는 있다.

강사 동료 중에도 일에 쓸 자료 공유를 제안했을 때, '아, 그건 괜찮아요'라고 하길래 보내줄 줄 알고 기다렸더니 상대방은 거절할 생각으로 말했던 것이라 나중에 쩔쩔맸다고 했다.

사적인 자리에서 친한 사람과 이야기할 때는 '괜찮아'라는 말을 잘못 써서 엇갈리는 경우가 별로 없을 것이다. 서로 '말하는 습관'을 잘 알고 있기 때문이다. 그러나 사회생활을 하면서 많은 사람과 얽힐 때 '예스'와 '노'라는 정반대의 뜻을 같이 가진 말을 쓰면 트러블의 원인이 된다. 특히 무슨 부탁을 받았을 때, '괜찮아요'라는 말은 위험하다.

할 수 있으면 **'할 수 있어요', '알겠습니다'**, 못할 때는 **'못해요', '어렵습니다'**라고 뜻을 분명히 하면 오해가 생기지 않고 안심할 수 있다.

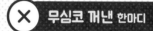 무심코 꺼낸 한마디

지금 좀 바빠서요

이번 주는 어려울 것 같지만
다음 주는 될 것 같아요

◎ 호감을 주는 한마디

'바쁘다'는 '상대를 위한 시간이 없다'라는 말이나 마찬가지 어떤 부탁을 받았을 때 종종 '바쁘다'는 핑계로 거절할 때가 있다. '바빠서', '다른 일이 있어서', '정신이 없어서'도 자주 듣는 표현이다. 그러나 이 거절 문구들은 '당신을 위한 시간은 없습니다'라고 하는 것이나 마찬가지라 매우 실례되는 표현이다. 실례를 범하지 않으려면 **'이번 주는 힘들지만 다음 주는 됩니다'**라는 식으로 언제 가능할지를 명시하자.

거절하는 이유가 바쁘기 때문이 아니라 일의 내용 때문이라면 **'그 일에 필요한 기술이 아직 없어요', '업무 내용을 인수받지 못했습니다'**라는 식으로 못하는 이유를 솔직하게 전달해야 한다. 그러면 듣는 사람도 다른 사람에게 말해 보거나 못하는 부분을 해결할 수단을 검토하는 등 대책을 마련할 수 있다.

그중에서도 하고 싶지 않은 일이나 못하는 일까지 전부 다 바쁘다는 이유로 거절하는 것은 제일 나쁘다. 그러면 '이 사람은 핑계만 대고 할 생각이 없어 보이는데'라고 생각하여 신뢰를 잃기 마련이다. 거절하는 것 자체는 나쁘지 않다. 그러나 거절하는 방법이 잘못되면 상대방과의 관계가 틀어지게 된다.

따라서 먼저 **'못하는 이유'**를 말하고 **'대안'**이 있을 때는 제안까지 하자. 그러면 거절당한 쪽도 '그렇구나' 하고 수긍하기 때문에 불쾌한 마음이 들지 않고 넘어갈 수 있다.

대안은 다음으로 이어나갈 수 있는 마음의 연결다리다.

가능하면 저도 하고 싶은데

사정이 안 돼서 못하겠어요

◎ 호감을 주는 한마디

거절할 때는 괜한 사족을 달지 말자

타인의 눈치를 보며 마찰을 피하고 싶어 하는 사람들은 '예스'와 '노'를 분명하게 말하는 것에 익숙하지 않다. 그래서 부탁이나 제의를 거절할 때도 **'가능하면 저도 하고 싶은데요'**, **'사실은 저도 가고 싶은데요'** 하면서 무심결에 사족을 붙이기 쉽다.

하지만 그런 말을 들으면 '하고 싶으면 하지, 왜?', '그렇게 가고 싶었으면 가면 될 텐데' 하고 생각하는 사람도 있다. 어떨 때는 '정말 그럴 마음이 있으면 다른 일을 조율해서 오면 되잖아' 하고 말하는 사람이 있을지도 모른다.

그리고 **'그날은 다른 약속이 있어서'** 하고 변명을 하는 것도 좋지 않다. 다른 일정을 우선시한다는 것은 '당신보다 중요한 일이 있다'라고 받아들여 상대방의 기분을 해칠 수도 있다. 거절할 때는 괜한 사족은 달지 말고 그냥 **'그날은 사정이 안 돼서 못 가요'** 하고 말하는 게 제일 좋다.

또한 거절할 때는 절대로 병원에 간다든가 하는 거짓말을 하면 안 된다. 실제로 거짓말을 하고 일을 쉰 날에 놀이공원에 가서 놀다가 관계자와 딱 마주치는 바람에 눈 깜짝할 새에 소문이 퍼져 믿음을 잃고 한탄하던 사람도 있었다. 괜한 말을 덧붙였다가 자기 무덤을 팔 때도 있는 것이다.

거절의 뜻은 간단하면서도 직접적으로 표현하자.

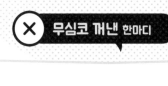

전 못하겠어요

저는 아직 그 기술이 없어서 못하겠네요

◎ 호감을 주는 한마디

못한다고 어필하는 사람은 관심이 필요한 사람

'전 못하겠어요'라며 거절하는 사람에는 두 가지 타입이 있다. 하나는 정말 못하는 일이라 회사에 피해를 주고 싶지 않아서 '못하겠다'라고 말하는 **걱정 태산 타입**. 또 다른 하나는 '저한테는 무리예요', '전 못하겠어요' 하고 어필해서 상대방의 주의를 끌고 '괜찮아', '그렇지 않아'라는 말을 듣고 싶은 **관심이 필요한 타입**이다. 무의식중에 그런 식으로 관심을 끌고 싶어 하는 사람이 상당히 많다.

전자의 경우에는 '저는 아직 그 기술이 없어서 못해요' 하고 자신이 못한다는 내용을 구체적으로 전달하면 상대방도 이해해 줄 것이다. 나아가 못하는 일을 할 수 있게 만들기 위한 '조언'을 받을 수도 있을 것이다.

한편 후자의 경우에는 성가신 타입으로 생각되어 미운털이 박힐 가능성이 있다. '관심이 필요한 사람'에게는 필요 이상으로 다가가지 않는 게 좋겠다는 판단을 내리고 선을 긋는 사람도 있다. '저는 못해요~' 하고 주변 사람들에게 관심을 바라면 바랄수록 썰물이 빠지듯 사람들도 멀어져 가는 법이다.

'나 못해, 못해' 하며 못한다는 표현을 습관적으로 하는 사람도 있는데, 못한다고 딱 잘라 말하면 화를 내는 사람도 있을 테고 상처받는 사람도 있을 것이다.

막무가내로 못한다는 말을 쓰지 말고, **'못하는 이유'를 곁들여 거절**하면 원만하게 넘어갈 수 있다.

바 꾸 어 **23** 말 하 기

그럴 의도는 아니었는데

제가 미처 인식을 못했어요

◎ 호감을 주는 한마디

자신과 타인의 '의도'는 완벽하게 일치하지 않는다

'그 일은 제 담당이 아닌 줄 알았어요', '그건 안 해도 되는 줄 알았는데'라는 변명을 여러분도 한 번쯤은 한 적이 있을 것이다.

누구나 '자신의 잘못'을 인정하는 건 싫은 법이다. 그래서 그 잘못을 다른 곳으로 돌리고 싶다는 마음과 나는 몰랐으니까 잘못한 게 없다는 마음에서 나오는 변명인데, 상대방의 입장에서는 책임 전가로밖에 들리지 않는다.

이런 경우에는 '제가 미처 인식을 못했어요'라고 상황을 설명하자. 그리고 같은 실수를 반복하지 않도록 **'다음에는 어떻게 확인해야 할까요?'** 하고 물어보자. **'다음부터 어떻게 해야 할지 대응책을 상담하는 것'**은 필수다.

애초에 자신과 상대방은 완전히 다른 인간이다. 어디까지 무엇을 해야 할지 확인하지도 않았는데 서로 '의도'가 딱 맞을 리가 없다. 그 차이를 자각하지 못하고 두루뭉술한 대화를 나누며 일을 진행하면 그런 식으로 인식의 차이가 또 일어난다.

자신의 '의도'가 잘못되지 않았는지 확인하고 인식하는 것까지 끝마쳐야 한다. '이 일은 여기까지 하면 되겠지', '이건 안 해도 되겠지' 하고 자기 판단으로 정하지 말고, '정말 이렇게 해도 되나?' 하며 **확인하는 수고를 아끼지 말 것.**

말을 했고 안 했고 차이가 인간관계를 틀어지게 만들 수도 있으니 신중하도록 하자.

✕ 무심코 꺼낸 한마디

그런 것은 안 하는데요

다른 방법으로 해도 될까요?

◎ 호감을 주는 한마디

'못한다', '안 한다'라며 일방적으로 거절하지 말고 타협하기

문자, SNS, 채팅 등 커뮤니케이션 수단이 다양해지는 가운데, 그러한 수단을 '자유자재로 활용하는 사람'과 '그렇지 않은 사람'의 차이가 점점 벌어지고 있다.

예를 들어 어떤 모임에서 밴드나 페이스북 등으로 그룹을 만드는 경우. 밴드나 페이스북 앱을 사용하지 않는 멤버가 '그건 안 쓰는데', '쓴 적이 없어서 못해요'라는 등의 말을 한다면 어떨까? 일방적인 거절 문구는 왠지 부정을 당하는 듯한 느낌이 들어서 기분이 좋지 않다. 특히 일을 할 때는 의욕이 없다는 인상을 줄 수도 있다.

물론 무엇을 어떻게 쓸지는 개인의 자유다. 스마트폰 앱을 사용하지 않는다고 나쁜 것은 아니고, 그걸 비판하거나 부정할 수도 없다. 하지만 그냥 '못해요', '안 해요' 하고 일방적으로 딱 자르면 관계성이 흔들리고 만다.

이런 경우에는 **'다른 방법으로 해도 될까요?', '어떻게 쓰는지 모르는데 가르쳐 주세요'**라며 대안을 제시하거나 조언을 구하는 것이 좋다. 서로 한발 물러나서 타협을 하는 방향으로 대화를 한다면, 착지점이 보일 때가 많다.

모르는 것이나 못하는 것을 배우느라 누군가에게 부담을 줘야 할 때는 반드시 **'미안한 마음'**을 전달한 후에 **'감사의 말'**도 덧붙이는 것을 잊지 말자. 새로운 일에 도전하는 긍정적인 자세가 호감으로 이어지는 법이다.

거절해도 되나요?

이런 이유로 거절하고 싶어요

◎ 호감을 주는 한마디

되물어서 결론을 상대에게 맡기는 것은 치사한 화법이다

'이거 해 줄 수 있나요?' 하고 부탁받은 일을 거절하고 싶을 때, 단도직입적으로 '거절할게요'라고 딱 잘라 말하는 것이 왠지 미안해서 '거절해도 되나요?' 하고 상대방에게 되묻는 사람이 있다.

이는 결론을 상대방에게 맡김으로써 자신의 의사를 에둘러 전달하는 '자기방어'의 치사한 대응이다.

이와 비슷하게 **'못한다고 말해도 되나요?', '안 해도 되나요?'** 하고 묻는 것도 마찬가지다. 부탁한 쪽은 해 주길 바랄 테니 뭐라고 답해야 할지 곤란해진다.

의뢰를 했더니 질문이 돌아오면 적잖이 당황할 것이다. 이는 '내 상황 몰라?' 하며 상대방이 눈치채기를 바란다는 의미를 포함하기 때문이다. 상대방에게 받은 의뢰에 질문 형식으로 답해서 거절 분위기를 풍기는 것은 실례되는 일이고, 또한 상대방을 불쾌하게 만든다. 이런 방식이 버릇이 된 사람은 앞으로 쓰지 않도록 주의하자.

거절하고 싶다면 **'지금 다른 일 때문에 마감이 가까워서 죄송하지만 거절하겠습니다'** 하고 간단하게 거절 의사를 표하는 것이 좋다. 부탁한 사람도 '그럼 어쩔 수 없네'라며 이해해 줄 것이다.

자신의 의사 표시를 분명히 하는 것이 신뢰로 이어지는 법이다.

저 그거 안 돼요

제가 그건 좀 그런데
다른 걸로 해 주시면 감사하겠습니다

◎ 호감을 주는 한마디

일방적인 말인 '안 된다'를 긍정적인 말로 바꿔서 협조성을 어필하자

친구나 회사 동료와 식사를 하거나 회식 자리를 가질 때, '저 매운 거 못 먹어요', '저 술 못 마셔요' 하며 자신이 못하거나 자신 없는 것을 **'완전 부정'**한 적이 있는가? '안 되는 건 빨리 말해 놔야 나중에 폐를 안 끼치지' 하는 생각에 미리 말하는 경우도 있을지 모른다. 그러나 그 말을 듣는 쪽은 '모처럼 기분 좋은데 까다로운 사람이 분위기 망치네' 하고 생각할 것이다.

또한 '안 된다'라는 말은 양보의 여지가 눈곱만큼도 없다는 뉘앙스를 준다. '강한 압력'을 느끼게 하는 것이다. 따라서 협조성이 없는 이기적인 사람으로 비치기도 한다.

만약 같은 뜻을 전하고 싶다면, **'제가 매운 걸 잘 못 먹으니까 안 매운 요리면 좋겠어요'**, '죄송하지만 제가 술을 잘 못 마시니까 음료수로 시켜주시면 좋겠어요'라며 겸손한 자세로 **긍정적인 뉘앙스**를 넣어 표현을 바꾸자.

아무리 안 된다고 생각하더라도 일방적으로 상대를 부정하거나 거부하지 않는 것이 중요하다. 음식에 알레르기가 있다면 같이 어울리는 사람에게 정확히 이야기해야 하지만, 취미나 취향이나 생활습관은 사람마다 다르다. 자신의 취향이나 가치관을 밀어붙이는 것은 인간관계의 악화를 부르기 때문에 말을 할 때는 세심한 주의가 필요하다.

'안 돼', '싫어'라고 딱 잘라 말하면 본인만 손해다.

제 4 장

배려하기

가치관이나 생각은 사람마다 다르다. 선의로 한 행동을 상대방도 똑같이 느끼리라는 보장은 없다. 그런데 과하게 배려를 하는 사람이 적지 않다.

예를 들어 상대방이 괜찮다는데도 현관까지 나와서 멀어지는 차가 보이지 않을 때까지 문 앞에서 손을 흔드는 사람. 혹은 연수나 강연회 시간보다 빨리 도착한 발표자의 대기실에 들어와서 혼자 기다리게 하기 미안하니까 무리해서 말 상대를 해 주겠다는 주최 측 직원. 개인적인 취향이 확고한 기념품을 사와서 나중에 어땠냐며 끈질기게 의견을 묻는 동료나 친구. 전부 호의적인 배려심에서 나오는 행동이지만, '현관까지 나와서 배웅하면 화장실에 들르고 싶어도 들를 수가 없는데', '계속 옆에서 말을 걸면 발표 전에 해야 할 체크를 못해서 여유가 없는데', '기념품으로 받은 화장품 향이 별로 좋지 않았는데 뭐라고 대답해야 되지?'라는 일이 생긴다.

배려심에 한 행동이 오히려 폐를 끼치게 되는 일도 있는 것이다. 자기만족이 아니라 상대방이 진정으로 기뻐해 줄 배려가 필요하다.

다른 사람들도 열심히 하고 있는데 뭘

정말 열심히 하시네요

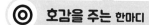

'다른 사람들'이란 누구? 사람은 자신이 인정받길 원한다

정말 열심히 하고 있는데 '다들 하는 일이야', '다른 사람들도 열심히 하는데, 뭘'이라는 말을 듣고 기운 빠진 적이 있지 않은가? **'다른 사람이라니?'**라는 생각이 들어서 누가 그러냐고 물어봤더니 그냥 그렇게 생각해서 말했다는 경우가 비일비재하다.

'다른 사람'이라는 말은 일반화하기에 편한 말이라서 무심코 사용할 때가 많다. 하지만 그 속에는 '다른 사람'을 방패로 삼아 자신의 의견을 정당화하거나 발언을 과장하는 마음이 숨어 있기 때문에 특별히 지시나 주의를 할 때는 신중하게 사용해야 한다. '다른 사람'들이 옳고 '당신'은 그르다며 부정을 당하는 듯한 기분이 들기 때문이다.

타인과 비교하거나 자신의 주관으로 결정 내린 **'모든 사람들이 당연하게 생각하는 것'**이나 **'일반적인 것'**을 전제로 이야기를 하면, 상대방의 기분을 해쳐서 트러블을 일으킬 때도 있다. '다들 일반적으로 하고 있는 일이니까 너도 해'라는 말을 듣고 '네, 그러네요'라는 말이 순순히 나오기란 힘든 것이다.

나는 카운슬링을 할 때도 '다른 사람들은 어때요? 보통은 어때요?'라는 질문을 받으면, '사람마다 다 달라요. 당신이 어떻게 생각하는지, 어떻게 하고 싶은지가 중요해요'라고 대답한다. 만약 위로를 해야 한다면 더 그렇다. 일반화하지 않고 **'당신은 열심히 하고 있어요'**, **'당신은 그렇게 생각하는군요'** 하고 그 사람 개인에 대한 말을 해 주는 것이 가장 좋다.

별거 아니에요

제 마음이라고 생각해 주세요

◎ 호감을 주는 한마디

선물이나 기념품을 필요 이상으로 비하하면
오히려 싫어할 수도 있다

요즘에는 전보다 많이 하지 않는 추세이기도 하지만 거래처나 방문한 곳에 먹거리를 선물로 사 갔을 때, **'별거 아니에요.'**, **'약소하지만'**, **'대단한 건 아니지만'** 등의 말을 겸손이라고 생각하며 하는 사람이 있다.

하지만 '별거 아니면 갖고 오지 마', '약소한 건 필요 없어' 하고 생각하는 사람도 있어서 이 말로 오해를 살 때가 있다.

그렇다고 해서 '괜찮으면 드세요'라는 말만 하기에도 무뚝뚝한 것 같아 내키지 않는다. 그럴 때는 **'제 마음이라고 생각하시고 드세요'**, **'입에 맞을지는 모르겠지만 제가 좋아하는 간식을 사 왔습니다'**라고 말하면 좋다.

인기 있는 가게에서 사 온 특별한 먹거리라면, '요새 인기 있다는 간식인데, 꼭 다 같이 드세요'라며 오히려 특별히 사 왔다는 것을 드러내야 더 좋아한다. 굳이 자신의 호의를 비하하거나 나쁘게 말할 필요는 전혀 없는 것이다.

반복하지만, 커뮤니케이션의 기본은 **부정적인 말을 쓰지 않는 것**. 겸손한 마음을 중시하는 낮은 자세가 필요할 때도 있다. 하지만 도가 지나치면 오히려 상대방에게 불쾌감을 주게 되므로 주의하도록 하자.

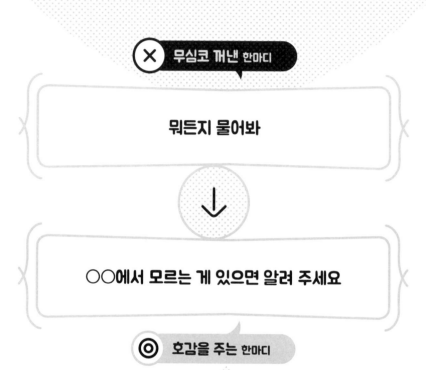

❌ 무심코 꺼낸 한마디

뭐든지 물어봐

↓

○○에서 모르는 게 있으면 알려 주세요

◎ 호감을 주는 한마디

'뭐든지'라고 말하면 뭘 물어봐야 할지 막막해진다

'뭐든지'라는 말은 온갖 상황에서 자주 쓰이는 편리한 말이다. 상대방에게 마음을 쓸 때도 **'뭐든 물어봐', '뭐든지 도와줄게'**라고 말하면 무슨 일이든 타인에게 도움이 되고 싶어 하는 '좋은 사람'으로 보인다.

하지만 '뭐든지'라는 말을 들으면 오히려 말문이 막히는 사람도 있다. 반대로 '그런 것까지 묻는다고?'라고 싶을 정도로 사소한 것까지 꼬치꼬치 캐묻는 사람도 있다. 서로 공유하는 일이 있어서 어느 정도 잘 아는 사이가 아니라면 '뭐든지'란 범위가 너무 넓어서 무엇을 물어봐야 할지 막막해진다.

질문이나 의문은 자신이 아는 것에서만 생겨난다. 아무것도 모르는 사람에게 '뭐든지 물어봐'라고 말하는 것은 **방치하는 듯한 기분**이 들어서 오히려 소외감을 느끼게 할 때도 있다.

신입사원에게 뭐든지 물어보라고 말했는데 아무 질문도 하지 않길래 순조롭게 일을 하고 있는 줄 알았더니, 손도 대지 않았다는 케이스도 종종 듣는다.

이때 **'이 자료에서 모르는 부분이 있으면 저에게 물어보세요'**라고 말하면 상대방도 질문하기가 더 수월해진다. '무슨 일 있으면 연락 주세요'도 마찬가지인데, 서로 공통 사항에 대해 말하는 것이라면 문제없다. 하지만 인사치레처럼 막연하게 말할 생각이라면, '뭐든지가 뭘 말하는 거야?'라며 당황하는 사람도 있는 것이다.

바 꾸 어 **30** 말 하 기

이거 좀 해 줘. 넌 할 수 있어

당신에게 맡기고 싶어요.
하지만 모르는 건 사양 말고 물어보세요

◎ 호감을 주는 한마디

'넌 할 수 있어'라는 말만 하면 밀어붙이는 것처럼 들릴 수도 있다 상대방을 생각한답시고 존중하거나 치켜세웠는데 오히려 기분을 해칠 때가 있다. '너라면 할 수 있어', '○○ 씨는 할 수 있어'라는 말도 그중 하나다.

　'할 수 있다'라는 생각을 서로 공유하고 격려할 생각으로 말하는 것은 괜찮다. 그러나 무엇을 어디까지 할 수 있는지 모르는 사람에게 **'이거 좀 해 줘. ○○씨는 할 수 있어'**라고 대충 얘기하면, 그냥 떠맡기려는 것처럼 느껴진다. 그런 일이 계속 반복되면 상대방의 불신감은 더 커질 수도 있다.

　그러한 부정적인 뉘앙스를 줄이기 위해서는 '당신에게 맡기고 싶어요. 혹시 모르는 게 있으면 사양 말고 말해 줘요'라는 식으로 **쿠션을 하나 넣어서** 말하면 좋다. 그렇게만 해도 받아들이는 느낌이 완전히 달라진다.

　이때 '이 부분을 못하겠는데요', '이건 해 본 적이 없어요'라며 도움을 요청하는 사람에게 **괜찮아. 넌 할 수 있어**라는 말만 하고 끝나지 않도록 주의해야 한다. 이렇게 되면 일을 가르쳐 주지 않는다며 불만을 호소할 수도 있다. 격려할 생각으로 말했는데 오히려 불만으로 이어지면 그게 무슨 소용이 있겠는가.

　오해가 생기지 않으려면 '할 수 있다'라는 한마디로 끝내지 말 것. 그리고 반드시 그렇게 생각하는 '근거'가 될 말을 곁들여서 수습하도록 하자.

바 꾸 어 **31** 말 하 기

 무심코 꺼낸 한마디

그거 실망이네요

↓

그런 일이 있었군요

 호감을 주는 한마디

상대방이 부정적으로 받아들일 말은 쓰지 않기

타인에게 '정말 별일이 다 있었어요', '결과가 안 나와서 혼쭐이 났어요'라는 식으로 부정적인 이야기를 들었을 때, **'그거 최악이네요'**, **'실망했겠네요'**라며 마음속 생각을 무심코 그대로 말한 적이 있지 않은가?

말한 쪽은 별 뜻이 없었다 해도 당사자 입장에서는 부정적으로 축약한 말 한마디가 돌아오면 남 얘기하는 것처럼 들릴 수 있다. 배려심에서 한 말 한마디가 오히려 상처에 소금을 뿌리는 격이 되어 인간관계를 악화시킬 수도 있다. 따라서 부정적인 주제로 이야기할 때일수록 신중하게 말을 고를 필요가 있다.

바로 말을 받아쳐야 할 때, 고민할 필요 없는 말의 기본은 **'상대방이 한 말을 그대로 캐치하는 것'**이다. '○○한 일이 있었군요', '생각한 결과가 안 나왔군요' 하며 상대방의 상황이나 마음을 그대로 되풀이하는 것이다. 이것은 내가 카운슬링을 할 때도 항상 신경 쓰는 부분이다.

상대방이 '아쉬웠어', '실망했어'라며 부정적인 단어를 써서 얘기했을 때는 같은 말을 사용해도 문제없을 것이다. 그러나 상대방이 한 말보다 더 부정적인 말은 쓰지 말 것. 그 작은 배려 하나가 '이 사람과 더 얘기하고 싶다'라는 마음을 갖게 할지, '이 이상은 얘기하고 싶지 않다'라는 마음을 갖게 할지를 결정하는 것이다.

바 꾸 어 **32** 말 하 기

모르시겠지만

아실지도 모르지만

◎ 호감을 주는 한마디

'넌 모를 거야'라며 낮잡아 보는 태도가 훤히 보인다

약간의 비밀 이야기나 아직 일부 사람들만 아는 이야기를 할 때는 어떤 식으로 말해야 좋을까?

'**아마 모르시겠지만**, 이런 얘기가 있더라고요', '**모르실 수도 있는데**, 그거 사실은 이렇게 된 거예요' 하며 괜한 말을 덧붙여서 이야기를 시작한 적이 있을지도 모른다. 자신에게 악의가 없다 하더라도 '아직 알려지지 않은 이야기를 가르쳐준다'라는 특별한 느낌을 내려고 했을 수도 있다.

하지만 이런 말투는 '너는 이 얘기를 모르겠지만, 나는 정보에 빠삭하니까 알고 있지'라는 태도가 훤히 보인다. 상대방을 낮잡아 보고 있는 매우 실례되는 말이다.

그러니 만약 상대가 100퍼센트 모르는 이야기라도 '모르죠?'라고 강조하는 것이 아니라, '**벌써 아실지도 모르겠지만**'이라며 **상대를 추켜세우는 표현**이 더 좋다.

또한 그 이야기를 들은 상대가 '전 몰랐어요!' 하고 놀랐을 때 '모르셨어요?'라면서 비웃어서도 안 된다.

자신이 조금이라도 우위의 입장에 있으면 작은 표현 하나에서 상대를 깔보는 마음이 나타나기 마련이다. 따라서 자신이 우위에 있을 때일수록 겸손한 자세로 대화를 하도록 신경 쓰는 것이 중요하다. '낮잡아 보는 태도'로 무심하게 말을 내뱉지 않도록 조심하자.

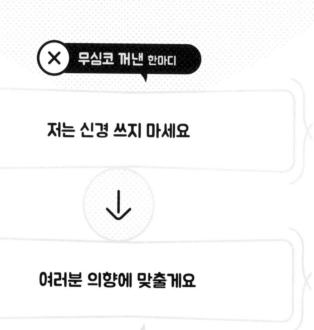

❌ **무심코 꺼낸** 한마디

저는 신경 쓰지 마세요

↓

여러분 의향에 맞출게요

◎ **호감을 주는** 한마디

'저는 괜찮으니까'는 자신을 어필하는 것이나 마찬가지

일을 할 때나 사적인 자리에서나 여러 명이 무언가를 정해야 할 때가 자주 있다. 그때 '저는 신경 쓰지 말고 정하셔도 돼요'라며 한 발짝 뒤로 물러나 얘기한 적은 없는가. 이는 굳이 **'난 됐어'**라는 말을 함으로써 자신의 존재를 어필하는 것과 마찬가지다. 더 자세히 말하자면 '나'를 주장하는 것은 '나 무시하면 가만 안 둬!'라는 마음이 숨어 있는 것이기도 하다.

실제로 이런 사람의 의견을 듣지 않고 결정된 내용을 보고하면, '왜 그렇게 된 거예요? 저는 반대예요'라며 손바닥 뒤집듯 태도를 바꾸는 사람도 있다. 그중에는 '말로는 괜찮다고 했지만 나한테 확인도 하지 않고 마음대로 정하다니 찬성할 수 없어'라며 심술을 부리고 불평불만을 토로하는 사람도 있다.

그럴 의도 없이 정말 결정권을 다른 사람에게 맡기고 싶을 때는 **'여러분이 정하면 따를게요', '○○씨가 정하셔도 문제없어요'**라며 결정 사항에 따른다는 의사 표시를 해야 한다. 만약 원하는 것이 있다면 **'○○만 아니면 괜찮아요'**라며 미리 이야기해 놓자. 그렇게까지 명확한 의사 표시를 하면 주변 사람들도 일을 진행할 수 있다.

또한 결정된 내용을 보고 받으면 **'알겠습니다. 결정 감사합니다'**라며 인사를 하는 것도 예의이므로 잊지 말도록 하자. 그 한마디가 호감으로 이어진다.

바 꾸 어 **34** 말 하 기

○○보다 낫네

정말 열심히 했구나

◎ 호감을 주는 한마디

타인이나 자신과 비교하는 것은 '배려'가 아닌 '위안'

부서를 이동하고 싶은데 들어 주지 않아 불만을 가진 사람이 있다고 하자. 그 사람에게 '부서 이동 얘기도 못 꺼내는 아르바이트보단 낫지, 뭐'라며 동료가 위로의 말을 건네면 그 말을 듣는 사람은 기분이 어떨까?

혹은 아이가 축구 시합에서 졌을 때, '○○네 팀보다는 낫지'라며 다른 팀과 비교해서 달래는 부모. 누군가와 우열을 비교하고 '넌 차라리 낫다'라고 하는 화법은 배려라고 할 수 없다. 오히려 더 갑갑하고 짜증이 나게 만드는 표면적인 위로다. **비교한다는 것 자체가 잘못**됐다.

의사소통을 잘하는 사람은 '**NO 부정, NO 해석, NO 비교**'를 실천한다. 이것만은 반드시 지킨다. 그런데 '○○보다 낫다'라는 표현에는 해석과 비교가 모두 담겨 있으니 이미 적절하지 않다.

상대방을 격려하고 싶다면 자신의 마음을 전달하거나 상대방 본인과 비교하도록 하자. 예를 들어 부서 이동 지시가 나오지 않는 동료에게는 '**빨리 바람이 이루어졌으면 좋겠네**', 축구를 하는 아이에게는 '**전에 했던 시합보다 ○○를 더 잘했어. 열심히 했구나**'라는 식으로 바꿔 말하는 것이다.

아프거나 부상을 당하는 등 좋지 않은 일이 있을 때도 '이 정도로 끝나서 다행이야'라고 본인이 말하는 건 괜찮다. 그러나 결코 타인이 할 말은 아니다.

어디 안 좋은 것 같으니 병원에 가 봐요

이번 달에 지각을 ○번 해서 업무에 지장이 있으니까
병원 가서 진찰을 받아 보세요

◎ 호감을 주는 한마디

몸을 걱정하는 의도로 말했는데 트러블이 생길 수도

부하나 동료가 피곤해 보여서 걱정이 될 때, **'어디 아픈 거 아니야? 괜찮아?'**, **'몸이 안 좋은 것 같은데 병원에 가 보는 게 어때?'** 하며 배려하는 마음으로 말하는 사람이 적지 않다.

그러나 이 말이 '아픈 곳도 없는데 아프다고 하네', '괜히 걱정하니까 진짜 몸이 안 좋아진 것 같아'라는 이유로 트러블을 불러일으키는 경우가 있다. 상대방을 걱정해서 한 말인데 갑질로 받아들이는 사람도 있다.

그중에는 '아픈 사람 취급하지 마', '오지랖은……'이라며 불평을 터뜨리는 사람도 있다. 이러한 사람은 어디에든 있으니 개인적인 영역을 침범하는 말은 가볍게 하지 말 것.

단, 아무리 봐도 몸이 안 좋아 보여서 지각을 하거나 결근이 많은 경우 등 업무에 지장을 주는 상황은 별개다. '이번 달에 지각을 ○번 해서 업무에 지장이 있으니까 병원 가서 진찰을 받아 보세요'라고 사례를 들어 사실을 전달하자. '당신의 몸이 아픈 것'이 아니라 **업무에 지장을 준다는 것**에 초점을 맞추는 것이다. 어디까지나 업무 수행 관리라는 자세가 중요하다. 그러면 그 말을 들은 사람도 지각을 해서 폐를 끼치고 있다는 사실을 깨닫고 적절한 대처를 할 필요가 있다고 판단할 수 있다.

특히 마음에 병이 있는 사람은 사소한 말에도 상처를 받기 쉬우므로 세심한 주의가 필요하다.

제 5 장

칭찬하기

사람은 칭찬을 받으면 역시 기분이 좋다. 자신을 칭찬해 주는 사람에게는 호감을 갖기 쉬운 것도 사실이다. 그러나 칭찬이라고 하면 '역시, 잘한다, 대단해, 센스 좋다, 바로 그거야'라는 기본적인 표현들을 떠올리는 분들이 많은데, 사회생활을 하면서 그런 말들을 너무 많이 쓰면 진정성이 없고 뻔하게 들릴 수 있다.

사기를 끌어올리고 싶다면 '결과'뿐만 아니라 '과정'도 평가해서 어디가 어떻게 좋았는지 구체적으로 말해야 한다. 예컨대 부탁한 서류의 결과물을 칭찬할 때, '데이터가 알기 쉬워서 도움이 됐어'처럼 무엇을 어떻게 평가해서 어떻게 도움이 되었는지까지 말해 주면 상대방은 다음 행동을 할 때 동기 부여가 된다.

나아가 상대방의 노력이나 성과에 대해 '감사의 마음'도 같이 곁들여서 말하면 효과적이다. '나는 필요한 존재다', '인정받고 있다'라는 실감이 나게 해 주면 적극성으로 이어진다. 상대방의 기분이 좋아지고 의욕도 생기는 칭찬을 하도록 하자.

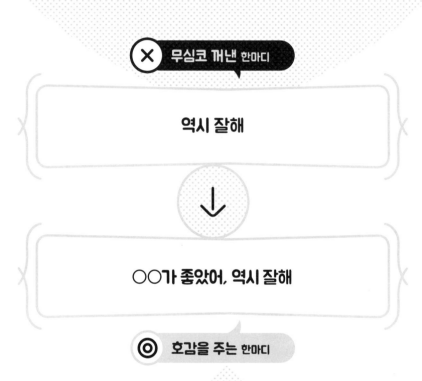

❌ 무심코 꺼낸 한마디

역시 잘해

↓

○○가 좋았어, 역시 잘해

◎ 호감을 주는 한마디

'역시 잘해'만 말하면 겉치레나 입에 발린 말처럼 보인다

'참 대단해', '역시 잘해'는 흔한 칭찬이다. 그러나 여러 번 들으면 겉치레나 입에 발린 말처럼 속셈이 훤히 보이는 것 같기도 하고 실례가 되기도 하므로 주의가 필요하다.

애초에 **'참 대단해', '역시 잘해'**라는 말은 **'낮잡아 보는 시선'**으로 상대방의 행동을 평가하는 표현이다. '네가 잘도 그런 일을 했구나. 대단하네'라는 뉘앙스가 있으니 손윗사람에게 쓰면 실례가 된다. 사원이 사장에게 '올해 실적이 참 대단해요'라고 말하지 않는 것처럼 말이다.

자신보다 낮은 위치에 있는 사람에게 말할 때도 **'지금 한 설명 정말 이해가 잘 됐어. 역시 잘해', '그 회의를 그렇게 부드럽게 잘 이끌다니, 참 대단해'**라는 식으로 무엇을 '역시 잘하는지' **'구체적인 이유'**를 덧붙이지 않으면 역효과가 난다.

또한 막연한 칭찬만 하면 칭찬을 목적으로 일하게 되기 때문에 칭찬을 해 주는 상사가 없어지면 부하는 일을 하지 않게 되는 경우도 종종 생긴다.

그리고 '역시, 하면 되잖아', '그렇게 대단한 줄 몰랐네' 등 칭찬을 하는 건지 놀리는 건지 알 수 없는 표현도 상대방을 신경 쓰이게 만들 뿐이다.

이처럼 칭찬도 신중하게 말을 고를 필요가 있으니 '참 대단하다', '역시 잘해'라는 말이 만능인 줄 알고 가볍게 쓰지 않도록 하자.

다시 봤어

○○까지 잘 해내다니 정말 기분이 좋다

◎ 호감을 주는 한마디

낮잡아 보는 시선으로 '다시 봤어'라는 말을 오용하면
반감을 사기도 한다

'다시 봤다'라는 말을 칭찬의 뜻으로 쓰는 사람이 많다. 그러나 이 말에는 원래 평가가 좋지 않았던 사람에 대한 인식이 새로워졌다는 뜻이 담겨 있다.

즉 지금까지는 당신을 마이너스로 평가하고 있었는데, 어떤 사건을 계기로 플러스로 바뀌었다는 뜻이니 칭찬의 말로 적절하지 않다. 오히려 상당히 건방진 시선으로 보는 말이다.

물론 상하 관계가 분명한 상황에서 부하가 서툴렀던 일을 극복하고 성과를 냈을 때는 쓸 수 있다. 단 그때는 다시 보게 된 **'이유'**나 다시 봐서 자신이 어떻게 생각했는지 **'소감'**을 같이 곁들여야 한다는 사실을 잊지 말자.

예를 들어 **'이렇게 어려운 일을 할 수 있게 됐구나. 다시 봤어', '입사 당시에는 어떻게 될지 걱정했는데, 이렇게까지 성장해 줘서 기뻐. 다시 봤어'**라는 식으로 소감과 이유를 애기한 다음에 하는 말이면 받아들이는 쪽도 다르게 받아들일 수 있다.

반대로 그냥 '다시 봤어'라는 말만 들으면 얕잡아본다고 느끼는 사람도 있고 '네가 뭔데'라며 반감을 갖는 사람도 있다.

따라서 이 '다시 봤다'라는 말은 열심히 노력한 부하의 성과나 공적을 진정으로 인정하고 칭송하고 싶을 때만 신중하게 쓰도록 하자.

나이도 어린데 똑 부러지네

↓

똑 부러지네

나이나 성별에 관한 말은 레드카드!

아무리 칭찬의 말이라 해도 **'나이'에 관한 발언은 차별**이 된다.

'나이도 어린데 똑 부러지네'라는 말도 분해해서 보면 '젊으니까 경험도 지식도 없어서 일을 못할 것 같은데 의외로 똑 부러지네'라는 뜻이다. 명백한 심술이며 갑질이다. '여자가 열심히 했네', '애도 있는데 밤늦은 시간까지 일을 하네'라는 말들도 마찬가지이다.

전자는 '여성은 끈기가 없고 믿음직하지 않은 존재', 후자는 '아이가 있는 부모는 늦은 시간까지 일하지 않는다'라는 편견 때문에 나오는, 레드카드를 적용할 만한 말들이다. 축구 시합을 했다면 당장 퇴장이다.

이처럼 상대의 속성에 대한 일방적인 가치관을 밀어붙이는 발언을 해서 듣는 이가 깊게 상처를 받거나 불쾌한 생각을 하게 되면 성희롱이나 직장내 괴롭힘으로 신고를 받을 가능성도 있다.

이때는 **나이에 관한 말을 아예 입에 담지 않도록** 표현을 바꾸는 것이 좋다. 상대방이 더 어리든 상관없이 **그냥 '똑 부러지네'라는 말만** 하면 되는 것이다.

반대로 젊은이가 노인에게 '70대인데 컴퓨터를 그렇게 잘 다루시다니 대단하시네요'라고 말하는 것도 똑같다. 결국에는 '노인을 공경하지 않고 무시하다니'라며 반감만 불러일으키는 결과를 낳게 될 것이다. 그저 심플하게 '그렇게 컴퓨터를 잘 다루시다니 대단하세요'라고 말해야 상대방도 '대단하지?' 하며 순순히 기뻐할 수 있는 것이다.

바 꾸 어 **39** 말 하 기

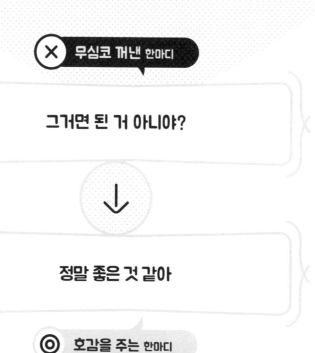

✕ 무심코 꺼낸 한마디

그거면 된 거 아니야?

↓

정말 좋은 것 같아

◎ 호감을 주는 한마디

'될 대로 되라는 식의 말'은 부정적으로 받아들여지기 쉽다

'그거면 된 거 아니야?'와 '좋네요'는 얼핏 비슷하게 느껴질 수도 있다. 그러나 직접 들으면 완전히 느낌이 다르다.

'그거면 된 거 아니야?'에는 '뭐, 그 정도면 된 것 같은데'라는 될 대로 되라 식의 뉘앙스가 있다. 더 심술궂은 표현으로 '당신이 하면 뭐 그 정도인 거지'라는 부정적인 뜻으로 받아들이는 사람도 있다. 한편 '좋네요'는 순수하게 그 사실을 좋다고 생각하는 솔직한 말이므로 오해나 반감을 부를 일이 없다.

그중에는 '괜찮지 않을까요?' 하고 의문형으로 묻는 사람도 있는데, 받아들이는 쪽은 나쁜 뜻으로 생각하기 쉽다. '나쁘지는 않지만 좋다는 판정도 못하겠으니까 판단은 당신에게 맡기겠습니다', 혹은 '그럭저럭 합격이겠죠?'라는 말인 것 같아서 따지자면 나쁜 평가로 받아들이기 십상이기 때문이다.

따라서 **정말 좋다고 생각한 마음을 전하고 싶을 때는 괜한 말을 덧붙이지 말 것. '좋네요', '정말 괜찮네요'**라고 솔직하면서 심플한 말로 표현하도록 하자.

만약 신경 쓰이는 부분이 있다면 '괜찮은 것 같아. 이 부분을 바꾸면 더 좋아질 것 같은데'라는 식으로 긍정적인 칭찬의 말을 한 다음에 개선점을 덧붙이면 좋다. 그러면 듣는 사람도 순순히 이야기를 들어줄 것이다.

 **무심코 꺼낸** 한마디

자료 작성은 잘하네

자료 작성도 잘하네

◎ **호감을 주는** 한마디

한 글자 차이가 하늘과 땅 차이!
'도'가 '은(는)'으로 바뀌면 비꼬는 듯 들린다

38 페이지에서도 설명했던 '오늘은 좋아 보이네요' 이야기와 마찬가지로 **'은(는)'과 '도'가 바뀌기만 해도 말의 뉘앙스는 정반대**가 된다. 칭찬이라도 무심코 말했다가 자기 무덤을 파기 쉬운 것이 'OO은(는) 잘하네', 'OO은(는) 할 수 있구나'라는 식으로 **'OO은(는)'**을 강조하는 말투다.

이런 말을 들으면 'OO은(는) 잘한다는 건 다른 건 못한다는 거야?' 하며 부정적인 뜻으로 민감하게 반응하게 된다. 친한 사람들끼리 이야기하는 곳에서 이런 식으로 낮잡아 보면 'OO은(는)이 아니라 OO도 아니야?'라고 가볍게 되받아치는 사람도 있다. 하지만 누구나 그렇게 할 수 있는 것은 아니다.

또한 상대방이 일 관계자일 때는 굳이 되받아치지도 않을 것이다. 곧이곧대로 들었다가 나중에 찜찜한 마음만 남아 불쾌해지지 않기 위해서도 상대방을 칭찬할 때는 조사에 신경 쓰도록 하자. 예를 들어 '이 자료는 특히 잘 만들었네요'라는 식으로 '은(는)은 쓰되 '특히'를 넣으면 '늘 잘한다'라는 뉘앙스도 같이 들어간다.

칭찬할 의도로 말하더라도 아주 사소한 한마디가 가시가 될 때가 있다. **자신이 듣는다면 어떨지 상상**한 다음에 상대방에게 말할 수 있으면 좋을 것이다.

요령이 좋구나

일 처리가 빠르네

◎ 호감을 주는 한마디

'요령이 좋다'라는 말에는 질투의 뜻이 담겨 있을 때도 있어,
부정적으로 받아들이기 쉽다

칭찬할 생각으로 요령이 좋다고 말하는 것은 무척 위험하다. 이 말은 '처리 방법이 능숙하다'라는 솜씨를 칭찬하는 뜻이 있는 한편, '교묘하게 돌아다니며 남에게 아첨하기를 잘한다'라는 부정적인 뜻도 포함하기 때문이다.

그 말을 들은 사람은 후자의 부정적인 의미로 받아들이기 쉬우므로 '어차피 요령이 좋은 것뿐이지'라며 깔보는 듯한 느낌을 받는다. 그래도 굳이 상대에게 '요령이 좋다'는 걸 말하고 싶다는 마음이 생긴다면 질투를 한다는 증거일 수도 있다. 그 말을 들은 사람은 당신을 까다롭고 심술궂은 사람이라고 생각해서 거리를 두게 될지도 모른다.

인간관계를 뒤틀리게 하지 않으려면 말투를 바꿔야 한다. 예를 들어 빠른 일처리를 칭찬할 때는 **'일처리가 빠르네!'**라고 있는 그대로 말하면 된다. 여러 가지 일을 척척 잘 진행하고 있다면 '계획을 잘 짜네', '어떻게 그렇게 일을 척척 잘해?', '일이 복잡할 텐데 잘하고 있네'라며 **구체적인 행동을 칭찬하자.**

딱 하나 주의할 점은 표정이다. 칭찬의 말에는 질투심이 드러나기 쉬워서 잘못 말하면 나쁜 인상을 주게 된다. 입으로는 칭찬하는데 눈은 웃고 있지 않는 사람도 있다. 표정이 차가우면 칭찬도 입에 발린 말로 들려서 진심으로 느껴지지 않으니 웃는 얼굴을 잊지 말도록 하자.

✗ **무심코 꺼낸** 한마디

하면 되잖아

↓

위기에 강하네. 덕분에 살았어.

◎ **호감을 주는** 한마디

'평소에는 못하면서'라는 마음이 드러나는 말은 사용하지 않는다

생각지 못한 곳에서 실력을 발휘하는 부하를 칭찬할 생각으로 '하면 되잖아', '몰아붙이니까 힘을 발휘하네'라는 식으로 말을 하는 사람이 있다.

이는 '평소에는 별거 없는데 긴박한 상황이 되니까 할 건 하네. 그럼 평소에도 좀 잘해 봐'라며 부정적인 뉘앙스로 받아들이기 쉬우니 조심하자. 상대에 따라서는 실력을 과소평가 받는다며 풀이 죽는 원인이 되기도 한다.

있는 그대로 칭찬을 하고 싶다면, '막바지 상황에서 열심히 해 준 덕분에 살았어'라는 식으로 감사의 마음을 솔직하게 전달하자. **'살았어', '고마워'라는 자신의 마음도 덧붙임**으로써 진심이 전달될 것이다.

비슷한 뉘앙스의 말로는 '역경에 강하구나', '시련을 줄수록 강해지는구나'라는 표현도 있다. 전부 다 말투에 따라서는 '이런 상황에서 잘도 하네', '어떻게 그렇게 태연해?'라며 비아냥으로 들릴 수도 있다.

칭찬을 하고 싶다면 **칭찬하고 싶은 부분만 간단하게.** 그리고 반드시 상대방이 한 일에 대한 '자신의 마음'도 같이 전달하자.

이 두 가지만 지키면 '그런 의도가 아니었어!'라며 후회하는 사태는 분명 막을 수 있을 것이다.

무심코 꺼낸 한마디

기가 막히네요~

감명받았습니다

호감을 주는 한마디

손윗사람에게 '기가 막히네요'라고 말하면
'네가 뭔데?'라는 생각을 가질 수 있다

'기가 막히다'에는 두 가지 사용법이 있다. 하나는 '훌륭한 행위나 뛰어난 기량에 마음이 움직이다. 깊이 공감하다'처럼 감동을 나타내는 뜻. 다른 하나는 '그 방법에는 공감 못하겠는데. 저 사람은 이기적이라 공감을 못하겠어'라며 남을 비판할 때 쓰는 뜻.

둘 다 사람이 한 일에 대해 좋고 나쁨을 평가하는 말이기 때문에 손윗사람에게 쓰면 실례가 된다. 하지만 부하나 후배에게는 사용해도 큰 문제가 없다.

예를 들어 회사 내 행사에서 예상치 못한 트러블이 발생했을 때, 기지를 발휘해서 대응한 부하에게 '○○씨 판단력과 행동력이 아주 기가 막혔어', '설득력 있는 프레젠테이션이 정말 기가 막혔어'라고 말하는 것은 괜찮다. 어른이 아이에게 '넌 참 기가 막히게 말을 잘 들어'라고 말하거나, 기르는 강아지에게 '앉으라는 말도 잘 알아듣고, 정말 기가 막히게 똑똑하다'라고 말하는 것도 자연스럽다. 그런데 학생이 선생님에게 '수업이 참 기가 막히게 알기 쉽네요'라고 말하면 '네가 뭔데?'라는 생각을 할 게 뻔하다.

그러한 마음을 손윗사람에게 전하고 싶을 때는 **'선배님 이야기에 감동했어요', '선생님 생각에 감명받았어요'**라는 식으로 말을 바꿔 보자.

나아가 상대방이 사장이나 거래처 임원 등 존중해야 할 위치에 있는 사람이라면 **'감탄했어요'라며 더 정중하게** 말하는 것이 적절하다.

바꾸어 **44** 말하기

⊗ **무심코 꺼낸** 한마디

운이 좋았네

↓

운도 실력이지

◎ **호감을 주는** 한마디

'운이 좋았네'는 '너의 실력이 아니다'라는 말이나 마찬가지

우연히 타이밍 좋게 좋은 일이 있었거나 호박이 넝쿨째 굴러 들어오듯 본인의 실력과는 무관하게 일이 술술 풀렸을 때, 그 이유를 '운이 좋았던 거야'라고 생각할 때가 종종 있다. 그러나 그 생각을 그대로 입 밖으로 꺼내면 그 말을 듣는 사람은 '내 실력을 인정해 주지 않는구나'라고 받아들인다.

실제로 운이 좋았다 하더라도 결과를 낸 것은 본인이므로, '이번 건은 운이 좋았지'에서 말을 끝내면 발끈하는 법이다. '어쩌다 일이 잘된 거지 너의 실력이 아니야'라고 에둘러 말하는 것이나 마찬가지이기 때문이다.

이럴 때는 **'운도 실력이지'**라고 말하면 수월하게 넘어갈 수 있다.

'라이벌이 발을 뺀 건 너의 프레젠테이션이 훌륭해서 승산이 없다고 생각했기 때문일지도 몰라'라는 식으로 **칭찬하는 이유**를 곁들이는 것이다. 그러면 듣는 이도 '정말 운이 좋았네요'라며 순순히 받아들일 수 있다.

예를 들어 대학교 입학 대기 번호를 받고 있다가 나중에 친구에게만 합격 통지가 왔을 때, '운이 좋았네'라고 말하면 아쉬운 마음은 알겠지만 입에 발린 억지 칭찬으로밖에 들리지 않는다. **'노력이 결실을 맺었구나'**라고 말할 수 있으면 좀더 효과적일 것이다.

주변 사람들에게 좋은 일이 생겼을 때, 진심으로 축하하고 응원할 수 있는 사람이 되도록 하자.

제 6 장

반응하기

인간관계를 잘하는 사람은 백이면 백, '자신의 사정'뿐만 아니라 '상대방의 사정'이나 마음까지 고려해서 행동하도록 신경 쓴다. 특히 상대의 말이나 행동에 반응할 때는 그 순간의 감정이 드러나기 쉬운 법. 짜증이 나거나 불만이 있을 때는 말이나 태도, 표정이 고스란히 반응에 드러나서 트러블을 일으킬 때가 있다.

그렇다고 시종일관 웃으며 다정다감하게 반응해서 상대방이 하는 말이나 행동을 전부 다 받아들일 필요는 없다. 그냥 자신의 감정에 휩쓸리지 않고 중립적인 반응을 기본 원칙으로 지키면 좋다. 자신의 마음이나 의견 등 하고 싶은 말이 있으면 상대방의 의향을 수긍한 다음에 전달하자. 이 순서를 뒤집어서 부정적인 감정이 고스란히 드러나는 반응을 먼저 하게 되면, '싸우자는 건가'라는 생각이 들 가능성이 크다.

먼저 상대방의 말을 잘 들어서 대화를 받아들이는 태세를 정돈해 놓자. 그다음에 자신의 의견을 말하면 상대방도 침착하게 하고 싶은 말을 하기 쉬워진다.

 무심코 꺼낸 한마디

그래서 무슨 말을 하고 싶은 거야?

제일 하고 싶은 말이 뭐야?

◎ 호감을 주는 한마디

무슨 얘기를 하는지 잘 모르겠다면
짜증을 내기 전에 요점 확인을 하자

일에 대해 상담하거나 확인을 하러 온 부하나 후배의 이야기가 길어져서 조바심이 날 때가 있지 않은가?

'지금 이런 일이 있었고 이렇게 됐는데 이렇게 해서……'라며 과정 하나하나를 설명하는데, '간단히 말해서 무슨 말을 하고 싶은 거야?', '뭘 물어보고 싶은 거야?'라며 무심코 차가운 대답을 했던 사람도 있을 것이다.

그러나 이런 대답은 상대방에 따라 '일 문제로 상담 좀 하려고 했더니 거절당했다', '얘기도 안 들어주고'라고 받아들여서 갑질로 취급할 수도 있으니 주의하자.

서로 알고 있는 정보가 적어서 상황 파악을 바로 할 수 없을 때는 먼저 **'저도 알 수 있게 설명해 주세요'** 하고 말하면 좋을 것이다. 시간이 없을 때는 **'10분 안에 설명해 주실 수 있을까요?'** 하고 이쪽 사정도 같이 전하자.

그래도 상대의 이야기가 멈추지 않는 데다가, 무슨 말을 하는지 도통 모르겠을 때는 '지금 한 얘기 중에서 제일 하고 싶은 말은 뭐예요?', '제일 이해가 안 되는 부분은 어디예요?' 하고 요점을 다시 물어보자. 카운슬링을 할 때는 생각나는 대로 말을 꺼내서 이야기가 다양한 방향으로 튈 때가 많다. 그러면 말하는 사람도 머리가 혼란스러워져 하고 싶은 말이 뭔지 헷갈릴 수 있다. 그래서 **'제일 걱정되는 부분은 뭔가요?'** 하고 이야기한 내용 중에서 **우선순위**를 정하게 할 때도 있다. 이런 기술은 직장에서도 쓸 수 있으니 꼭 참고하기 바란다.

알았어, 알았어

네, 알겠습니다

◎ **호감을 주는** 한마디

두 번 똑같은 말을 해서 대답하는 것은 실례. '알았어'는 한 번만!

타인의 이야기를 듣다가 살짝 귀찮다고 느껴질 때 쉽게 나오는 말이 '알았어, 알았어'라며 '알았어'를 **두 번 대답하는 것**이다. 예를 들어 이야기 내용에 관심이 없어서 듣는 척하고 있을 때. 혹은 '내 말 좀 들어봐!' 하며 장황하게 늘어지는, 자기현시욕이 강한 사람이 이야기를 빨리 끝내길 바랄 때. '알았어, 알았어' 하며 대충 맞장구를 치는 경험은 누구나 해 봤을 것이다. 특히 맺고 끊음을 확실히 하고 싶어 하는 사람 중에 이런 입버릇이 있는 사람이 많은 듯하다. 또한 잔소리를 하는 부모에게 아이가 자주 하는 대답이기도 하다.

아무튼 '알았어, 알았어' 하고 대충 대답을 하면, 상대는 자기 이야기를 제대로 듣고 있지 않다고 느껴 기분이 나빠진다. '어, 어'도 마찬가지로 대체 몇 번을 '어, 어, 어, 어' 하고 말해야 기분이 풀릴까 싶을 정도로 습관처럼 말하는 사람도 있다.

프로 카운슬러 중에도 '어, 어 하면서 고개를 끄덕끄덕하면 이야기를 잘 듣고 있는 것 같은 느낌이 들어'라고 착각하며 가볍게 몇 번이나 끄덕끄덕거리는 사람이 있는데, 횟수가 많다고 해서 좋은 건 없다. **깊고 천천히 고개를 끄덕이는 게 더 집중하고 있다는 느낌**이 든다.

고작 대답하는 게 뭐가 중요하냐고 생각하겠지만 그래도 중요한 게 대답이다. **대답은 한 번만 하는 게 철칙**이다.

어떤 대답을 해도 허용될 정도로 친한 사이라면 괜찮지만, 사회생활을 하면서 상대방 이야기를 귀찮아하는 모습이 훤히 들여다보이는 '반복 대답'은 가능한 피해야 한다는 사실을 잊지 말자.

바 꾸 어 **47** 말 하 기

✕ 무심코 꺼낸 한마디

그렇군요

↓

지금 한 이야기 잘 알았습니다

◎ 호감을 주는 한마디

'그렇군요'를 연발하면 남의 일이라고 생각하는 듯한 인상을 준다

맞장구 대신에 '그렇죠, 그렇군요' 하고 대답하는 사회인들을 많이 볼 수 있다. 하지만 '편리한 대답'으로 자주 쓰이는 이 말을 여러 번 말하면 정신은 다른 곳에 가 있고 기계처럼 형식적으로 대답하는 것 같이 들린다.

맞장구가 아니라 상대방의 이야기를 잘 이해하고 있다는 사실을 말하고 싶을 때는 **'그렇군요. 훌륭한 성과를 내기까지 그렇게 많은 노력이 들었군요'**라는 식으로 무엇을 이해했는지까지 전달하면 문제없을 것이다. 이해한 내용을 한마디라도 덧붙이는 것이다.

그런데도 상대방이 무슨 말을 하든지 '그렇군요' 하고 말하는 사람은 습관이 되어 잘 고쳐지지 않는다. 그럴 때는 '그렇군요'가 아니라 'OO하셨군요' 하고 의식해서 말을 바꾸는 노력을 해 보자.

비슷한 예로 '그런가요?'도 있는데, 말끝에 '군요'가 오면 확인을 나타내는 말인데, '요?' 하고 올리면 의문을 나타내는 말로 받아들인다. 관심이 없어서 이야기를 잘 듣고 있지 않았다는 인상을 줄 수도 있다.

대화는 **공감**이 중요하므로 의문문은 단독으로 쓰지 않고 '그런가요? 아이 걱정이 많으시겠어요', '그랬나요? 이번 프로젝트에 그런 큰일이 있었군요'라며 상대방이 하고 싶은 말을 세트로 같이 쓰면 좋다.

 **무심코 꺼낸** 한마디

몰랐어요

미처 확인을 못해 죄송합니다

◎ **호감을 주는** 한마디

상대방의 감정에 휩쓸리지 말고
냉정하게 대응하면 신뢰도가 높아진다

'왜 안 했어?', '왜 아직 이 일을 안 하는 거야?' 하고 질책을 받을 때, 여러분은 어떻게 대답하는가. 그 일에 대해 몰랐다면 '몰랐어요', '못 들었어요'라고 대답할 때가 있을 것이다. 하지만 그것은 '제 탓이 아니에요'라며 **책임을 전가하는 변명**으로 들릴 뿐이다.

이런 상황에서는 두 가지 경우를 생각할 수 있다. 하나는 정말 못 들어서 본인에게 잘못이 없을 때. 또 하나는 확인을 게을리한 자신에게 잘못이 있을 때이다.

전자는 '**그 건은 제가 아직 전달을 못 받은 것 같은데, 확인 부탁드려도 될까요?**' 하며 상대방이 지시나 전달을 소홀히 했는지 확인하도록 하자. 이때 '전달 안 주셨잖아요'라며 상대를 나무라면 '나도 바쁘다고'라며 오히려 상대의 화를 돋우는 경우도 있으니 친절하고 정중하게 대처하는 것이 포인트다. 후자라면 '**미처 확인을 못해서 죄송합니다**'라며 자신의 잘못을 인정하고 사과하면 성의가 전해진다.

아무튼 책임을 회피하면 신뢰를 잃게 될 뿐이다. 책임을 서로 미뤄봤자 답답하기만 하고 아무런 해결도 되지 않는다. 상대방이 잘못했다 하더라도 질책하지 말고, 자신이 잘못했을 때는 솔직하게 사과할 것. 그러면 상대방도 냉정을 되찾고 신뢰감도 높아질 것이다.

바꾸어 **49** 말하기

❌ **무심코 꺼낸** 한마디

검토하겠습니다

↓

검토하고 다음 주 중에 답변드리겠습니다

◎ **호감을 주는** 한마디

겉치레인지 진심인지 알 수 없어 트러블이 생기기도 한다

‘검토하겠습니다’는 편리하고 사용하기 쉬워서 일을 할 때 자주 쓰는 표현이다. **원래 이 말은 ‘잘 알아보고 검토하겠다’**라는 뜻인데, 일반적으로는 ‘생각해 보겠다’라는 뉘앙스로 쓰이는 일이 많은 것 같다.

흔히 거절하는 말 대신에 겉치레로 ‘검토하겠습니다’라고 말하기도 하고, 시간을 조금 벌어서 확인한 다음에 답장을 주고 싶을 때 ‘검토하겠습니다’라고 하기도 한다. 이 두 경우가 뒤죽박죽 섞여서 상대방에게 오해를 줄 여지가 있기 때문에 트러블로 발전하는 일이 많은 것이다.

트러블을 피하기 위해서는 먼저 겉치레는 쓰지 않고 **‘지금은 어려워요’, ‘스케줄이 안 비네요’**라며 솔직하게 거절해야 한다. 긍정적인 대답으로 쓰고 싶을 때는 **‘내부적으로 검토해서 다음 주 중에 답장 드리겠습니다’**라며 기일까지 얘기하면 호감을 줄 수 있다.

그러나 **상대방이 필요 이상으로 기대를 갖지 않도록** 주의해서 말하자. 인간은 원래 자신이 원하는 쪽으로 기대감을 부풀리기 마련이다. 그러면 막상 거절당했을 때 크게 실망할 수 있다.

사람에 따라서는 ‘거절할 거면 빨리 말해’라고 조바심을 낼 수도 있고, ‘이 사람이 하는 말은 곧이곧대로 듣지 마’라며 관계가 삐걱댈 수도 있을 것이다. 그런 위험을 피하기 위해서라도 긍정적인지 부정적인지, 이쪽 상황을 고려한 후에 검토할지 말지 판단하도록 하자.

바 꾸 어 **50** 말 하 기

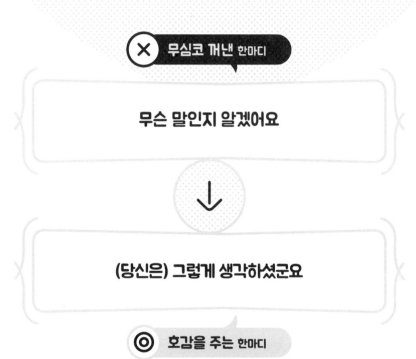

동감을 하면 의존 관계가 생겨서 공격 대상으로 바뀌기 쉽다

동감과 공감은 비슷한 듯 보여도 완전히 다르다. '무슨 말인지 알겠다'는 동감의 표현인데, 상대가 '넌 나를 이해해 주는구나'라는 생각을 갖게 하여 의존심을 품게 하는 말이다. 그런 이유로 의존하는 상대가 자신이 기대한 반응을 보여주지 않으면 배신당한 기분이 든다. 의견이 조금이라도 다르면 '왜 몰라주는 거야!'라며 손바닥 뒤집듯 공격할 때도 있다. 의존과 공격은 결국 표리일체인 것이다.

따라서 **카운슬링을 할 때는 기본적으로 동감하는 말을 쓰지 않는다.** 만약 상담자가 자신과 비슷한 경험을 했고, 그 마음을 너무 잘 알겠다고 느낄 때도 '잘 알아요'라는 동감의 말을 하지 않는다. 그 대신, **'(○○씨는) 그렇게 생각하셨군요'** 하고 상대의 마음에 초점을 맞춘 '공감'을 표한다.

'무슨 말인지 잘 알아'라며 동감의 말을 자주 사용하면, 심리적 거리가 가까워져 동료 의식도 높아진다. 하지만 동시에 의존 상대는 공격 대상으로 바뀌기 쉬우므로 무슨 일이 생기면 그 대상을 따돌리거나 괴롭힐 가능성이 있다.

가족이라는 것도 원래는 의존 관계이기도 하기 때문에 공격 대상으로 변하기가 쉬워서 도를 넘는 폭력이나 학대로 발전할 때도 있다. 그런 사태를 피하기 위해서는 아이들이나 부부 사이에서도 '(당신은) 그렇게 생각했구나'라며 **공감의 말로 답하는 것**이 중요하다.

알아, 알아

저도 얼마 전에 알았어요

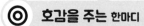

괜히 아는 척을 하면 손해를 보기도 한다

자신이 이미 아는 화제에 대해 상대방이 말을 꺼내면 '그거 알아, 알아' 하며 끼어드는 사람이 있다. 그런 말을 들으면 '그런 건 이미 나도 알아'라고 말하는 것 같아서 기분이 좋지 않다. 아는 척을 하는 사람은 더 좋지 않다. 그렇게 이야기가 점점 삐걱거리면 서로 좋지 않은 감정만 생긴다.

만약 정말 알고 있는 사실이라도 **'저도 얼마 전에 알았어요. 정말 놀랐어요'**라며 일단 상대방의 이야기를 수긍하면 그걸 받아들이는 쪽의 뉘앙스도 확 변한다.

또한 '알아, 알아'가 입버릇인 사람들에게는 자신이 상대방보다 우위에 서고 싶은 줄 세우기 심리가 엿보인다. 남에게 지고 싶지 않아서 '나도 안다'라고 말해야만 기분이 풀리는 것이다. 그러나 그런 무심한 한마디가 자신의 목을 조르는 일도 이런 타입들에게 보인다. **'몰라요'라는 말을 하지 못하기 때문에** 모르는 것에 대한 질문을 할 수 없기 때문이다.

강사 일을 하면 수강자들이 '○○에 대해 어떻게 생각하세요?'라고 질문할 때가 있다. 언젠가 동료 강사가 들어본 적 없는 뉴스에 대한 의견을 달라고 해서 미처 알아보지 못해 모르겠다고 말했더니, 실제로 그런 사건은 없었다고 한다. 그런데도 안다고 대답하는 사람들이 의외로 많아서 깜짝 놀랐다는 이야기를 듣고 왠지 무서워졌다. 입장이 그럴 수도 있고 그때그때 분위기에 휩쓸릴 때도 있겠지만, 일부러 시험하려는 사람도 있으니 주의가 필요하다.

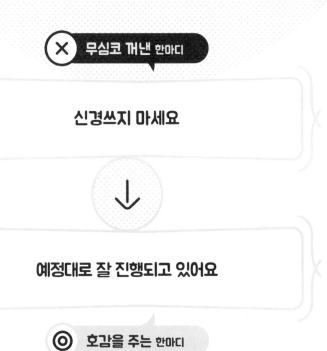

바꾸어 **52** 말하기

❌ **무심코 꺼낸** 한마디

신경쓰지 마세요

↓

예정대로 잘 진행되고 있어요

◎ **호감을 주는** 한마디

괜한 배려에 짜증을 내며 대답하면 상대방의 화를 산다

남에게 부탁을 받은 일에 대해 '그거 괜찮아?', '문제없이 되고 있어?'라며 신경쓴다는 느낌을 받으면 **'걱정 안 하셔도 돼요', '신경쓰지 마세요'**라고 대답할 때가 있다.

그러나 그런 말투는 '이래라저래라하지 마', '괜한 오지랖 부리지 마'라는 뉘앙스가 느껴져 부정적인 인상을 준다. '걱정해 줬더니 건방지게'라며 화를 내는 사람도 있을 것이다.

이때 정말로 걱정이 필요 없다면 **'예정대로 진행하고 있어요', '제게 맡겨 주세요'**라고 해야 상대방의 마음을 자극할 일이 없다. 만약 조금이라도 불안감이 있을 때는 '곤란한 일이 생기면 제가 먼저 말씀드릴 테니 그때는 잘 부탁드려요' 하고 덧붙이면 상대방도 안심할 것이다.

한편 배려가 아니라 '그건 잘하고 있어?', '그거 이제 곧 끝날 수 있겠어?'라며 의심을 하거나 재촉을 하는 경우에는 '말 안 해도 알아요', '안 그래도 하고 있어요'라며 말대답을 하고 싶어진다.

하지만 특히 비즈니스 현장에서는 그 마음을 눌러 담고 **'지금 진행하고 있습니다', '사흘 정도면 끝날 것 같아요'**라고 침착하게 대답하는 게 가장 좋다. 부정적인 감정을 겉으로 드러내면 괜히 말이 더 길어져 시간을 빼앗기게 되니 깔끔하게 답하도록 하자.

거짓말이죠?

정말이에요?

◎ 호감을 주는 **한마디**

갑자기 의심을 받으면 실망한다

깜짝 놀랄 이야기를 들었을 때, '거짓말!'이라며 불쑥 의심부터 하는 것은 '당신이 하는 말은 믿을 수 없다'라며 상대방을 부정하는 셈이다. 입장을 바꿔 자신이 이야기를 했는데 '거짓말!', '거짓말이죠?' 하고 반신반의로 묻는다면 계속 이야기할 마음이 싹 가실 것이다. 당장은 믿을 수 없는 이야기라면 **'정말이에요?'라고 긍정적으로** 물어봐야 '정말이에요! 그래서······' 하며 이야기를 이어가기 쉬워지는 것이다.

대화를 할 때 상대방이 어떤 느낌을 받을 것인지를 고려하는 것은 매우 중요하다. 부정적인 느낌에는 부정적으로, 긍정적인 느낌에는 긍정적으로 반응하게 되는 것이 인지상정이다. 긍정적인 느낌으로 이야기를 계속 이어갈 수 있도록 어떤 단어를 선택할 것인지 고민하는 것은 상대에 대한 배려인 동시에 원활한 커뮤니케이션의 기본이다.

비슷한 상황으로 상대방 이야기에 깜짝 놀랐을 때 '말도 안 돼!'라는 말도 자주 쓰인다. 이야기 내용에 깜짝 놀란 마음을 나타내는 말이므로 상대방을 부정하는 것은 아니다.

그러나 역시 의심을 하는 듯한 뉘앙스가 들어 있으니 **'말도 안 돼요! 그런 일이 있었군요'**라는 식으로 상대방의 이야기를 받아들이는 말도 덧붙이면 좋다. 무심코 입에 담은 한마디가 조금이라도 나쁜 인상을 주면 결국 자신에게 돌아오니 주의하자.

바꾸어 **54** 말하기

무심코 꺼낸 한마디

될 수 있으면 하는 방향으로 하겠습니다

↓

가능한지 확인하고 연락드리겠습니다

호감을 주는 한마디

흐리멍덩한 대답만큼 상대방을 곤란하게 만드는 것은 없다

일을 부탁받고 바로 할 수 있을지 없을지 모르겠을 때, '될 수 있으면 하는 방향으로 하겠습니다', '가능할 것 같으면 하겠습니다'라며 **흐리멍덩한 대답**을 하는 일이 있지 않은가? '예스'인지 '노'인지 분명하지 않은 대답만큼 어떻게 대처해야 할지 곤란한 것도 없다.

일단 보류하고 싶다는 뜻에서 '생각해 보겠습니다'라고 하는 사람도 있다. 이것은 또 상대를 기다리게 해서 폐를 끼치게 되는 대답이다. 바로 답변을 주지 못할 때는 **'가능한지 확인하고 내일 연락드리겠습니다'**라는 식으로 답변 예정일을 같이 전하자. 보류하고 싶을 때도 **'조금 시간을 주실 수 있을까요? 다른 일과 겹치기도 해서 다음 주 중에 연락드리겠습니다'**라며 보류하는 기간을 같이 제안하면, 상대방도 그때까지 기다릴 수 있을지 없을지 생각할 수 있다.

또한 **긍정적인 답을 줄 것만 같은 대답**을 하는 것은 더 좋지 않다. 솔직하게 거절하기가 어렵다고 해서 처음부터 불가능하다는 걸 뻔히 알고 있거나 의욕이 없을 때도 **'가능할 것 같으면 하겠습니다'**라고 대답하면 상대방은 괜한 기대를 품게 된다.

그런 식으로 흐리멍덩한 대답을 해 놓고 막상 불가능하다고 얘기하면, 상대는 '그럼 좀 빨리 얘기해 주지'라며 배신당한 기분에 빠질 것이다. 동시에 신뢰도 떨어질 테니 불가능하다면 처음부터 분명하게 거절의 표현을 하는 것이 좋다.

❌ **무심코 꺼낸** 한마디

곧 알게 될 거야

확실히 정해지면 얘기할게

◎ **호감을 주는** 한마디

감질나게 하지 말고 얘기할 수 있는지 없는지 분명히 전달하라

질문을 했는데 '곧 알게 될 거야', '지금은 아직 말 못 해', '○○ 씨는 몰라도 돼'라며 감질나는 대답을 들으면 기분이 어떨까? '나는 알고 있지만 너에게는 가르쳐 줄 수 없어'라는 말처럼 들려서 소외감을 느끼게 된다.

실제로 아직 얘기할 수 없는 사항이라면 **'여기서는 아직 얘기할 수 없지만, 다음 회의 때 발표가 있을 거예요', '월말에는 정보를 공개할 수 있으니까 그때 다시 얘기할게요'**라는 식으로 공개할 수 있는 기준을 가르쳐 주자.

반대로 한정된 사람과 공유할 수 있는 정보일 때는 '죄송하지만 이건 거래처의 내부 정보라서 관계자 이외의 사람들에게는 얘기할 수 없어요'라며 못하는 이유까지 알려주면 상대방도 이해할 것이다.

비슷한 답변으로 '네가 하기에는 아직 일러', '말해도 모를걸'이라는 표현도 있는데, '당신에게는 이야기를 들을 자격이나 능력이 없다'라는 말 같아서 더 상처를 받는다.

이럴 때는 '지금 하는 일을 끝낸 다음에 얘기할게요'라는 등 구체적으로 얘기하도록 하자. 지금 단계의 상황을 솔직하게 전하면, 듣는 쪽도 어느 정도 예상이 가능하기 때문에 기분 좋게 이해할 수 있을 것이다.

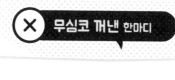

어차피 안 될 텐데

자신은 없지만 해 볼게요

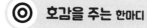

'어차피'보다 '해 보겠습니다'로 긍정적인 사고를

'어차피'는 명백한 부정 표현이다. 예를 들어 어떤 부탁을 받았을 때 **'어차피 안 될 텐데', '어차피 해 봤자 소용없을 것 같은데요'**라며 모든 말에 '어차피'를 붙이는 것은 부정적인 사고방식을 가진 사람에게 자주 보인다.

'어차피'에는 포기와 방어의 마음이 담겨 있다. 해 봤자 어떻게 해도 안 된다는 생각에 자신이 없어서 미리 방어막을 치는 것이다. 그리고 실제로 못했을 때는 '거 봐, 안 되잖아. 내가 말했지?'라고 구실을 늘어놓으며 타인에게 공격을 받지 않기 위해 하는 말이다. 그런 식으로 도망갈 구멍을 만들어 놓고 책임을 회피하려는 사람들은 같이 일하고 싶지 않다는 인상을 주어도 어쩔 수 없다.

또한 '어차피 난 안 돼'라는 말을 자주 입에 담는 사람 중에는 '그렇지 않아'라며 상대방에게 인정을 받고 싶은 승인 욕구가 강한 사람도 있다. 이는 '어차피'라고 말해서 상대방의 관심을 끌고 싶은 **'관종 타입'**이다. 이런 사람에게는 '뭐 곤란한 일 있으면 얘기 들어줄게' 정도로만 얘기해서 넘기고 적정 거리를 유지하는 것이 무난한 대처법이다.

만약 정말 자신이 없을 때는 '제가 할 수 있게 좀 도와주실 수 있을까요?'라고 하거나 **'자신은 없지만 해 볼게요'**라는 등 긍정적인 말로 얘기하면 성실한 이미지를 줄 수 있다. 그 점을 의식해서 사용해 보기 바란다.

✕ 무심코 꺼낸 한마디

또 물어보세요?

↓

문제점을 가르쳐 주시면 설명하겠습니다

◎ 호감을 주는 한마디

같은 질문을 반복해서 하는 것은 자신이 잘못 가르쳤을 가능성도!?

비슷한 내용을 질문받았을 때, 무심코 **'또 물어보세요?'**라고 말할 때가 있지 않은가. 이 말에서는 여러 번 반복되는 것을 싫어하고 귀찮아하는 게 분명히 드러난다.

전에 파견 사원인 분이 '몰라서 질문하면 상사가 늘 또 물어보냐고 해서 이제 질문도 못 하겠어요'라는 상담을 한 적이 있다. 반대로 IT 업무에 익숙지 않아서 질문 공세를 퍼붓는 상사를 대상으로 부하가 '또요?'라고 되받아치는 경우도 있다. 어느 쪽이든 그런 대답은 직장 내 괴롭힘으로 받아들일 수 있으니 주의가 필요하다.

비슷한 질문을 여러 번 물어본다는 것은 전에 내린 지시나 설명을 이해하지 못했을 가능성도 있다. 그럴 때는 잘못 가르쳐 준 자신에게도 책임이 있으니 **해야 할 일을 하나하나 구체적으로 전해야 한다.**

'이 정도는 알지?'라며 위압적으로 지도를 하면, 몰라도 '네'라고 대답할 때도 있다. 알기 쉽게 구체적으로 지도하지 않으면 '성의껏 지도해 주지 않는다'며 반대로 불평의 소리를 들을 수도 있다.

또한 근본적인 내용을 이해하지 못했다면 똑같은 질문을 반복하게 된다. 무슨 일이든 처음이 중요하므로 귀찮아하지 말고 상대방이 가장 어려워하는 부분을 확인해서 정성껏 대응하도록 하자.

 무심코 꺼낸 한마디

그렇지 않아요, 전혀 아니에요

감사합니다, 덕분입니다

◎ 호감을 주는 한마디

겸손은 적당해야 호감도가 커진다! 자학이나 비하는 역효과

겸손을 미덕으로 여기는 문화가 있어서 남에게 칭찬을 받아도 '그렇지 않아요', '전혀 아니에요'라며 낮은 자세로 받아들이는 사람이 적지 않다. 하지만 겸손도 도가 지나치면 기껏 칭찬을 해 준 상대방의 마음을 상하게 하거나 신경을 쓰게 만드는 경우가 있다.

예를 들어 '힘든 일인데 정말 열심히 했구나'라고 부하를 칭찬했는데, '**감사합니다. 선배님 덕분입니다**'라는 대답이 왔을 때와 '**저는 아직 멀었죠**'라는 대답이 왔을 때는 인상이 완전히 달라진다. 후자처럼 겸손을 보이면 상대방의 호의를 부정하는 행위가 되고, 스스로 질타하며 자학하는 것은 자신을 더 인정해 달라는 마음의 표현이기도 하다.

일뿐만 아니라 취미나 패션에 대해 칭찬했을 때도 '그런데 이거 싸구려야'라며 자학적으로 말하는 사람이 있다. 그리고 부모들끼리 아이를 칭찬하는 상황에서 '근데 우리 애는 머리가 안 좋아서'라며 비하하는 사람도 있다. 둘 다 명백하게 인상이 나빠지는 상황이다.

그렇다고 해서 솔직하게 '고마워'라고 인정하면 건방진 것 같아서 걱정일 때도 있다. 그럴 때는 '**이 옷, 저도 마음에 들어요. 좋은 걸 발견해서 행운이었죠**', '**우리 애는 운이 좋았어요**' 등 운의 탓으로 돌리는 것도 하나의 방법이다. 이렇게 말하면 둥글둥글하게 넘어갈 수 있다. 칭찬은 잘 받고 잘 대답하자.

제 7 장

자기주장

'자기주장'이란 말 그대로 자기 의견이나 생각을 주장하는 행위이다. 말의 느낌 때문에 부정적인 이미지를 가진 사람이 많을지도 모르겠지만, 직장에서나 가정에서나 '자신의 의견이나 생각을 전달하는 것'은 매우 중요하다. 오히려 하고 싶은 말이 있어도 못하게 되면 정신적으로 스트레스를 받기 때문에 상대방이 이해하기 쉽도록 자기주장을 잘하는 기술을 익혀야 한다.

하지만 자기주장을 자기중심적인 주장이라고 착각해서 상대방의 입장이나 의견을 고려하지 않은 채 하고 싶은 말만 하고 끝나는 사람도 많은 듯하다. 나아가 '넌 틀렸어. 내가 옳아'라는 식으로 상대방을 부정하거나 비판해서 자신이 우위에 서려고 하는 사람도 있다. 그런 식으로 말을 하면 순순히 들어줄 사람은 없다.

'당신과 나는 다른 인간이니까 의견이 다른 것도 당연해'라는 생각을 전제로 두고 이야기하는 것이 커뮤니케이션의 기본이다. 심리학에서는 인생의 기본 태도로서 자타를 긍정하는 'I'm OK, you are OK'가 이상적이라고 한다. 상대방을 존중하면서 자신의 의견을 말하도록 하자.

바 꾸 어 **59** 말 하 기

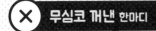 무심코 꺼낸 한마디

그건 관두는 게 좋을걸

저는 이런 이유로 이렇게 하는 게 좋을 것 같아요

◎ 호감을 주는 한마디

자신의 주관을 남에게 밀어붙이는 것은 오지랖

입장을 따졌을 때 윗사람이 아랫사람에게 하기 쉬운 말이 '그건 관두는 게 좋을걸'이라며 주관적으로 단언하는 표현이다.

예를 들어 투자를 시작하고 싶다는 사람에게 '그건 관두는 게 좋아. 저축이 최고야'라고 말하는 것은 주관을 밀어붙이는 것이다. 하지만 '투자도 여러 가지가 있대. 나는 리스크를 생각해서 지금은 안 하는데, 저축도 하면서 하면 안심이 되지'라고 말하면 문제없다. 아예 하지 말라는 게 아니라, 자신이 하지 않는 이유를 곁들여서 **'이런 방법도 있지 않을까?'**라며 선택을 하도록 만들기 때문이다. 결정하는 것은 본인이므로 제3자가 자신의 생각을 밀어붙이는 것은 오지랖이다.

그래도 꼭 해야겠다는 말이 있다면 '이런 이유가 있어서 나는 이렇게 하는 게 좋을 것 같아'라며 어디까지나 '자신의 의견'이라는 걸 전제로 이야기하자.

카운슬링을 할 때는 밀어붙이는 건 물론이고 의견도 말하지 않는다. 일을 그만두고 싶다는 사람에게도 '일을 그만두고 싶을 정도의 원인이 있군요' 하고 수긍한다. 그리고 혹시 그만두지 않는 게 더 좋다는 생각이 들더라도 '어떤 문제가 해결되면 그만두지 않아도 될까요?' 하고 본인에게 묻는다. 어디까지나 **'주체는 그 사람'**이기 때문에 그 축이 흔들리지 않도록 대화를 하면 불쾌함을 주지 않고 상대방을 대할 수 있다.

바 꾸 어 **60** 말 하 기

⊗ **무심코 꺼낸** 한마디

다들 그러던데요

↓

저는 이렇게 생각해요

 호감을 주는 한마디

의견을 말할 때는 '자신'을 주어로 하는 것이 기본

아이들은 자주 '친구들이 그러던데', '친구들도 다 갖고 있으니까 사줘'라고 말한다. 사실 자신이 주장하고 싶은 것에 '많은 친구들'을 끌어들여서 마치 그게 옳은 것처럼 믿게 하고 싶기 때문이다. 또한 아이들은 아직 자신의 의견에 자신이 없어서 자기주장에 설득력을 가지지 못한다. 하지만 81 페이지에서도 설명했듯이, **'다른 사람들'**이라는 단어를 습관처럼 붙이는 표현을 **'일반화'**라고 하는데, 반대로 설득력이 떨어지는 이야기가 되고 만다.

'보통은'도 비슷한 표현이다. '보통은', '다른 사람들은'을 자주 쓰는 사람은 상대에게 '보통이 뭐야?', '다른 사람이 누군데?'라는 생각을 갖게 하기 때문에 이야기를 반신반의로 듣게 된다.

자신의 의견에 귀를 기울이길 바란다면, **'저는 이렇게 생각해요'**, **'제 생각은 이래요'**라고 단도직입적으로 말하는 편이 상대방에게 곧바로 전해진다. 만약 실제로 자신과 공통 의견을 가진 사람이 있다면, 자신의 의견을 얘기한 후에 '○○씨와 △△씨도 같은 의견이에요'라며 구체적인 이름을 더하면 설득력이 높아진다.

자기주장을 할 때 자신의 마음이나 생각을 스스로 파악하지 못하면 남들에게도 와 닿지 못한다. 그러지 못하거나 자신이 없어서 무심코 '다른 사람들은', '보통은'이라며 습관처럼 한마디씩 붙이는 사람은 **'나'라는 입장에서 분명히 말한다는 사실**을 의식해서 말하자. 그걸 할 수 있으면 사람들이 더 쉽게 귀를 기울여 줄 것이다.

바 꾸 어 **61** 말 하 기

 **무심코 꺼낸** 한마디

이건 무조건 좋아

저는 좋은 것 같은데 한번 해 보세요

◎ **호감을 주는** 한마디

자신의 가치관을 강요하지 말고 선택의 기회를 주어라

예를 들어 아주 마음에 든 상품이 있어서 친구나 지인에게 추천하고 싶을 때. '이건 무조건 좋아!'라고 말하면 **그냥 강요**가 된다. 무언가를 좋거나 나쁘게 생각하는 것은 사람마다 다르다. 타인의 가치관을 일방적으로 강요받은 사람은 오히려 민폐라고 느낄 때도 있다.

또한 타인에게 무언가를 밀어붙이는 사람일수록 '어땠어? 괜찮았지?'라며 동의를 원한다. 그 반응이 시원찮고 기대와 어긋나면 '왜 모르는 거야'라며 혼자 서운해하기도 한다. 하지만 추천받은 쪽에서 보면 '나는 너랑 다른데 어쩌라는 거야'라고 생각할 것이다. 일방적으로 북 치고 장구 치고 실망까지 하더니 전부 남 탓으로 돌리면 기가 찰 노릇이다.

폐를 끼치지 않고 무언가를 추천하고 싶을 때는 **'제가 좋아하는 건데요. 한번 써 보세요'**라고 말하는 것이 제일 좋다. 호불호가 갈릴 것 같으면 '마음에 안 들면 다른 사람한테 줘'라고 한마디 덧붙이는 것도 좋다. **상대방에게 선택의 여지를 주는 것**이다.

오랫동안 알아 온 사이라면 마음이 맞으니까 취향까지 당연히 똑같다고 착각하기 쉽다. 선의로 한 일이 오히려 나쁜 결과를 초래하지 않도록 상대방의 입장에서 생각할 수 있는 사람이 되도록 하자.

바꾸어 **62** 말하기

× 무심코 꺼낸 한마디

저는 그런 말 안 했어요

저는 이런 식으로 이해했어요

◎ 호감을 주는 한마디

트러블을 해결하기 위한 대화는 '변명'이 아닌 '설명'

대화가 어긋나 생각지 못한 곳에서 오해가 생기는 등, 사회에는 이해할 수 없는 일들이 종종 일어난다. 그럴 때는 '나는 틀리지 않았어!'라고 주장하고 싶어진다. 물론 정당성을 전하는 것은 나쁜 일이 아니지만, 트러블에 대응할 때는 신중하게 말을 골라야 감정싸움으로 번지지 않으니 주의가 필요하다.

제일 좋지 않은 것은 **'저는 그런 말 안 했는데요'**, **'제 탓이 아니에요'**라며 **책임 전가**를 하는 것이다. 만약 본인에게 잘못이 없더라도 '내 잘못이 아니야'라고 우기면 변명으로 들리기 쉽다.

따라서 이럴 경우에는 **'저는 이런 식으로 이해했어요'**라고 하거나 **'그건 선배님 지시에 따라서 진행했어요'**라는 식으로 먼저 사실이나 상황을 설명해야 한다.

사람은 '사실은 어떠했는가', '실제로 무슨 일이 있었는가'를 알고 싶은 욕구를 갖고 있다. 트러블이 된 원인을 분명히 하고 싶은 것이다. 그러니 '나는 이런 의도였다'라는 마음이 아니라 '실제로 있었던 일'과 상대가 '확인해 줬으면 하는 일'을 얘기하자. 이쪽 상황을 설명하고 상대방의 상황도 확인하는 것이 중요하다.

서로 사실 확인을 한 후에 '그럼 다음부터 이렇게 하자'라며 같은 트러블이 일어나지 않도록 대책을 생각한다. 이것이 양호한 관계를 유지하는 비결이다.

 **무심코 꺼낸** 한마디

제 얘기를 이해 못 하시나 보네요

저는 이런 식으로 이해해 주셨으면 합니다

◎ **호감을 주는** 한마디

상대방을 질책하면 해결은커녕 싸움으로 번진다

상대의 주장과 자신의 주장이 엇갈려서 대화에 진척이 없는 경우에는 어떤 식으로 대응하면 좋을까? 한 가지 확실히 말할 수 있는 것은 상대에 대해 '왜 몰라주시는 거죠?', '제 얘기를 이해 못 하시나 보네요'라며 감정적으로 불만을 터뜨리면 점점 분위기는 험악해져 결국 싸움으로 번지게 된다는 것이다.

　'왜 몰라주는 거죠?'라는 표현은 상대방이 주어인 '유 메시지(You message)'이다. **상대 탓으로 돌리려는 의도**가 전해지기 때문에 단숨에 불쾌감이 올라간다. '그쪽이야말로 내 말을 이해 못 하잖아!'라며 싸움이 시작될 수도 있다.

　1분이라도 빠른 해결을 바란다면 상대를 탓하는 것이 아니라 자신의 의향을 전하는 것이 중요하다. 상대의 협조를 얻어 해결을 이루기 위해서는 자신을 주어로 한 '아이 메시지(I message)'로 **'저는 이런 식으로 이해해 주셨으면 해요'** 하고 말해야 상대방에게 와 닿는다.

　아무리 가족이나 친구라 하더라도 질책하거나 비판하는 말을 쓰면 상대방에게 상처를 주게 된다. 자신의 마음을 전하면서도 **'어떻게 생각하세요?'**라며 **상대방의 의견에 귀를 기울이는 것**이 신뢰로 이어진다. 결국, 일방적으로 상대를 질책하기보다는 서로 이해하도록 노력하는 것이 자신이나 상대방 모두 행복해지는 길이다.

바 꾸 어 **64** 말 하 기

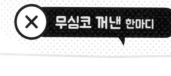

결국 이런 말이죠?

이런 식으로 이해하면 되나요?

◎ **호감을 주는** 한마디

얘기 중간에 '결국'으로 정리하려는 것은
더 이상 대화를 하지 않겠다는 뜻

타인의 이야기를 들을 때나 토론을 하는 도중에 '결국 이런 말이죠?', '그러니까 이런 거죠?'라며 이야기를 정리하려는 사람이 있다. 이 말은 상당히 '낮잡아보는 시선'이 느껴지는 무심한 한마디다. 상대의 이야기를 빨리 마무리하고 싶을 때나 내용을 잘 몰라서 요점을 정리하고 싶을 때 할 수 있는 표현이다.

특히 '네 얘기 너무 길어', '무슨 말을 하고 싶은지 모르겠어'라는 짜증스러운 마음이 있을 때는 **'결국', '요점은', '그러니까'**라는 표현으로 말을 끊고 상황을 마무리하려는 것이다.

그렇게 일방적으로 이야기를 마무리하면 '응, 그만 얘기해', '알았어, 알았어'라며 강제로 대화를 끝내려는 듯한 느낌이 들어 기분이 좋지 않다.

상대방이 얘기하는 내용을 적절하게 정리하는 것은 나쁘지 않다. 자신이 잘못 이해하지 않았는지 확인하면서 대화를 진행하는 것은 중요하다. 그럴 때는 **'지금 이야기는 이런 뜻이죠?', '이런 식으로 이해하면 되나요?'**라고만 말해서 확인하면 된다.

끼어들기 어려울 때는 **'잠깐 괜찮을까요?'**라고 양해를 구한 다음에 '지금 하신 얘기는 이런 뜻이죠?'라고 물어보면 실례가 되지 않는다.

바 꾸 어 **65** 말 하 기

 ⊗ **무심코 꺼낸** 한마디

세상이 그렇게 호락호락하지 않아요

어떻게 생각하시는지 알려 주세요

◎ **호감을 주는** 한마디

무슨 일이든 아는 척, 잘난 척하지 않는다

사람을 낮잡아보는 표현은 많이 있지만, 들었을 때 짜증나는 대표적인 말 중 하나가 '세상이 그렇게 호락호락하지 않아'라는 말이다. 이 표현은 부모가 자식에게, 사회인이 학생에게, 상사가 부하에게 쓸 때가 많다.

이는 연상이 연하를, 베테랑이 신참을 딱 잘라 버리는 **'폭탄 발언'**이라고도 할 수 있을 것이다. 이 표현에는 '그렇게 쉽게 생각해서 이 험난한 세상을 살아갈 수 있겠어?'라며 겁을 주는 뉘앙스도 있기 때문에 그 말을 들은 사람은 무척 부정적인 생각이 들 것이다. 애초에 세상이라는 범위가 너무 광범위하다. 게다가 무슨 근거로 험난하다고 생각하는지는 사람마다 다를 수 있다. '세상 모든 일을 다 아는 것처럼 잘난 척하네'라며 반감을 살 뿐이다.

정말 걱정이 되는 사람에게 조언을 하고 싶다면, **'어떻게 생각하는지 알려 줄래?'**라고 물어보고, 상대방의 생각과 동시에 실제로 어떻게 행동할 예정인지 나타낼 기회를 만드는 게 좋다. '좀 쉬고 싶어서 회사 그만둘게요'라는 사람에게 '구체적으로 뭘 할 생각인데?'라는 식으로 물어보는 것이다.

그래도 상대방이 쉽게 생각한다는 걸 지적하고 싶다면, '나도 30대쯤에 이직하느라 고생은 다 하고 돈도 없어서 궁지에 빠졌거든. 다음에 일할 곳을 정하고 그만두는 게 안심이 될 것 같은데?'라고 **자신의 경험**을 들려주면 귀를 기울여 줄지도 모른다.

아무튼 중요한 점은 **'타인은 자신과 다른 인간이다'**라는 걸 자각한 후에 이야기해야 한다는 것이다.

 바 꾸 어 **66** 말 하 기

❌ **무심코 꺼낸** 한마디

이런 말 하기는 싫은데

↓

좀 신경이 쓰여서 잠깐 얘기할게

◎ **호감을 주는** 한마디

상대방이 순순히 받아 줄 '화법의 비결'을 익히자

전에 이런 일이 있었다. 어느 회사에서 자료 작성이 늦어 항상 야근을 하는 사원에게 선배가 **'이런 말 하기는 싫은데,** 너 벌써 5년 됐잖아. 혹시 아직도 컴퓨터가 익숙하지 않은 거야?' 하고 말했다고 한다.

이렇게 조금이라도 낮잡아보는 표현을 쓰면 상대는 상처를 받는다. 게다가 강한 위압감이 있었기 때문에 **괴롭힘**으로 받아들여 사내 심리 상담 창구에 불만이 보고되었다.

타인이 해 줬으면 하는 일이나 하고 싶은 이야기가 있을 때 '사실 이런 얘기하기 싫은데'라고 전제를 두는 것은 '꼭 하고 싶은 얘기가 있으니까 들어'라고 으름장을 놓는다는 뉘앙스가 있다. 만약 일을 빨리 끝내길 바란다면 '전부터 신경이 좀 쓰여서 말할게요. 야근이 많아지고 있는 것 같으니까 개선해야 할 것 같아요. 근무 시간 내에 끝낼 수 있게 효율적으로 하도록 **상담하죠**'라고 말하면 된다.

'이런 말 하기는 싫은데'에는 '널 생각해서'라는 뉘앙스도 들어 있는데, 실제로는 상대에 대한 불만을 말하고 싶을 때 사용하는 일이 대부분이다. 그래서 상대방도 '말하기 싫으면 안 하면 될 텐데……'라며 내심 경계를 하고, 들은 말에 고통을 느끼는 경우가 많기 때문에 무심결에 말하지 않도록 하자.

얘기를 해 준다면 **'신경이 좀 쓰여서'**, **'나한테 상담해'**라고 가볍게 말하는 것이 좋다.

바 꾸 어 **67** 말 하 기

 무심코 꺼낸 한마디

자랑은 아닌데

↓

좋은 일이 조금 있었는데 자랑해도 돼?

 호감을 주는 한마디

자랑을 했을 때 얄미운 사람과 호감인 사람의 차이는 이것

무척 기쁜 일이나 뿌듯한 일을 누군가에게 얘기하고 싶을 때나 자랑하고 싶을 때는 어떤 식으로 얘기해야 얄밉지 않을까?

'자랑은 아닌데, 옛날에 1등 영업사원이었어'라며 스스로 칭찬하며 자랑하는 사람. '자랑은 아니지만 이혼하게 됐어'라며 사실은 자랑이 아닌 자학 이야기를 하는 사람. 사람의 성격에 따라 사용법이 갈리는 것이 **'자랑은 아니지만'**이라는 표현이다. 단, 실제로는 전자처럼 '이제부터 자랑 좀 하겠습니다'라는 뜻의 전제로 '자랑은 아니지만'을 쓰는 경우가 많다.

'자랑은 아니지만'으로 시작하는 자랑은 **명백하게 깔보는 태도다.** 상대를 불쾌하게 만든다. '자랑은 아닌데 이 가방 500만 원이야'라든가 '자랑은 아니지만 내 여자 친구 인기 많아'라며 우쭐대는 얼굴로 말해 봤자 '흠, 그거 잘됐네'라는 등 시큰둥한 반응을 하게 된다. 반대로 상대의 기분을 좋게 하려고 '대단하네요!'라는 식으로 띄워주면 점점 신이 나서 결국 자랑 이야기는 끝이 나지 않는다.

호감을 받는 사람은 **'좋은 일이 조금 있었는데 자랑해도 돼?', '기쁜 일이 있었는데 들어 줄래?'**라며 이야기를 꺼낸다. 차라리 **솔직하게 자랑해야 얄밉지 않은 것**이다. 그리고 이야기는 짧고 딱 잘라서 끝낼 수 있을 것. 그게 포인트이다.

제 8 장

주의주기와 꾸짖기

주의를 주거나 꾸짖는 것은 커뮤니케이션 중에서 가장 어렵고 갑질로 이어지기 쉬운 테마 중 하나이다. 주의주기나 꾸짖기는 타인을 자신의 생각대로 제어하려는 의도가 있는 경우가 많기 때문이다. 자신의 희망을 강요하듯이 압박을 가하면, 어떤 상대든 불쾌한 마음이 들고 기분이 나빠진다.

말 한 번 잘못하기만 해도 상대와의 관계성이 회복 불가능할 정도로 나빠질 때도 있다. 최악의 사태를 피하기 위해서는 상대방의 자주성을 존중하고 성장을 돕기 위해 꾸짖고 있다는 의식을 가져야 한다.

여기에는 두 가지 포인트가 있다. 하나는 '사실'을 전하는 것. 부탁한 날짜가 지났는데도 아직 자료가 완성되지 않았다는 식으로 말이다. 또 다른 하나는 사실을 말한 후에 '자신의 마음이나 생각'을 덧붙이는 것. '네가 기한을 안 지켜서 곤란해졌어'라는 식으로 말이다. '사람들이 어떻게 생각하겠어', '다들 그러더라고'라며 남의 탓으로 돌리는 것은 좋지 않다.

 **무심코 꺼낸** 한마디

의욕이 있는 거야?

능률이 떨어진 것처럼 보이는데 뭐 고민 있니?

◎ **호감을 주는** 한마디

상대방의 의욕을 끌어내기 위해서는 상대방의 시점으로 배려를 누군가에게 주의를 주고 싶을 때, 어떤 말을 걸어야 의욕이 생길까? 조바심이 나면 무심코 '의욕이 있는 거야?', '제대로 하고 있어?', '좀 더 빨리 못해?'라는 등의 말을 하는 사람이 있을지도 모른다. 그러나 이 말들은 모두 '왜 그렇게 성실하지가 못해?', '왜 그렇게 일이 느려?'라며 **상대방을 질책하는 것이나 마찬가지다.** 만약 그게 사실이고 상대에게 잘못이 있다 하더라도, 그 말을 들은 사람은 순순히 받아들이기 어려운 법이다.

상대방 때문에 피해를 입거나 자신에게도 영향이 미치면 괜히 이성보다 감정이 앞서나가 꾸짖거나 따지고 싶어질 수 있다. 그럴 때일수록 직장 내 괴롭힘으로 발전할 수 있으니 신중하면서 냉정하게 대처할 필요가 있다. 비록 자신이 옳다고 하더라도 상대방에게 위압감을 주고 비난하듯 말하면 안 된다.

그럼 어떤 식으로 말을 바꾸면 좋을까? **'요즘 일에 능률이 떨어져 보이는데, 무슨 고민 있어?'**라는 식으로 사례에 초점을 맞춰 이야기하자. 그 사람 때문에 자신이 난처할 때는 '맡긴 일이 어제까지 안 끝나서 책임자인 제가 정말 난감해졌어요'라며 사실을 전달하는 것이다. 주의할 점은 **먼저 사실을 말한 다음에 감정은 나중에 전달한다는 점**이다. 이 순서가 철칙이다. 이게 반대가 되지 않도록 주의하자. 그리고 어떻게 해야 개선할 수 있을지 같이 이야기하는 것도 중요하다.

바 꾸 어 **69** 말 하 기

 무심코 꺼낸 **한마디**

왜 연락 안 했어?

난감한 상황이라 연락해 줬으면 좋았을 텐데

◎ 호감을 주는 **한마디**

타인이 자신의 생각대로 움직이지 않는 것은 당연

대화 도중에 그만 울컥해서 '왜 안 해 줘?', '왜 똑같은 말을 하게 해?'라며 남을 비난한 적은 없는가? 상대방이 자신의 생각대로 움직여 주지 않을 때나 기대에 부응하지 않았을 때, 부부 싸움이나 자식과 싸울 때 자주 하는 이야기다.

이때도 **'왜 넌 항상 그 모양이야?'**라며 상대에게 쏟아내며 고압적으로 행동할수록 관계성은 악화된다. 아무리 사소한 일이라도 자신의 주관이나 감정을 몰아붙여 비난하면 안 된다. 상대방에게 고통을 줘서 오히려 화를 더 돋울 가능성도 있다.

이럴 때는 '반대 입장'에서 생각해 보자. **'왜 연락 안 했어?'**라고 추궁하는 것과 **'연락이 안 돼서 난감한 상황이라 연락 줬으면 좋았을 텐데'**라며 마음을 전하는 것은 상대방 입장에서 보았을 때 완전히 다르다. 전자는 '이쪽도 바빴다고'라며 변명하고 싶어지는 대사다. 하지만 후자와 같은 말을 들으면 자신 때문에 상대방을 난처하게 만들었다고 생각해서 '미안. 다음부터 빨리 연락할게'라며 고분고분 답하기 쉬워진다.

감정을 쏟아내 봤자 서로 스트레스만 쌓일 뿐이다. 먼저 냉정하게 **자신은 어떻게 생각하고 상대방이 어떻게 해 주길 바라는지** 자신의 시점인 아이(I) 메시지로 마음을 전하는 습관을 익히는 것이 최선책이다.

❌ **무심코 꺼낸** 한마디

이렇게 해야지

↓

이렇게 해 주세요

◎ **호감을 주는** 한마디

'○○해야지'는 상대도 자신도 궁지로 몰아넣는 말

실수나 잘못을 지적할 때, 상대를 몰아붙이듯 말을 하면 갑질이 될 때가 있다. 예를 들어 일을 하면서 약속 시간이 거의 다 되어 나타난 사람에게 '왜 이렇게 늦어. 적어도 10분 전에는 와야지'라고 말했다고 하자. 약속 시간에 빠듯하게 맞춰서 온 건 확실히 안 좋을 수도 있지만 '10분 전에는 와야지'라는 것은 **그 사람의 주관**이다.

그러나 아무리 주관으로 상대를 나무라도 앞서 말했던 것처럼 상대는 '네 생각을 나한테 강요하지 마'라고 생각할 것이다. 상대방이 섬세하고 성실한 사람일 경우는 타인의 말을 곧이곧대로 받아들여 '난 안 되나 봐'라며 풀이 죽어 정신적으로나 육체적으로나 타격을 입을 수도 있다. 자신의 주관을 내세우는 것은 갑질이 될 가능성이 크니 특히 직장에서 **의무론을 내세우지 않도록** 하자.

의무론은 말한 본인도 궁지로 몰아낸다. 자신도 그 주장을 고집하기 때문에 못 해냈을 때 큰 실망을 하게 되기 때문이다. '○○해야지'라고 생각하는 버릇이 들어서 좌절하면 바로 자기혐오에 빠지는 것도 이 타입이다.

사람의 잘못이나 실수를 주의해 줘야 할 때는 **'관계자가 피해를 입어서 곤란한 상황'**이라거나 **'업무에 지장을 초래'**한다는 등 주의를 주는 이유를 먼저 설명하자. 그 후에 **'다음부터 이런 일이 없도록 개선해 주세요'**라고 바람을 말하는 것이 좋다.

❌ **무심코 꺼낸** 한마디

이번 실수는 너 때문이야

◎ **호감을 주는** 한마디

실수가 일어난 원인과 개선책을 생각해 주세요

실수를 비난하지 말고 해결책에 눈을 돌려라

중요한 거래처에서 실수를 한 부하 영업 담당에게 컴플레인을 걸어서 수주 계약이 취소되었다고 하자. 당신이 만약 상사라면 어떤 식으로 대응할 것인가?

'이번 건은 네 잘못이야. 어쩔 거야?', '네가 잘못 대응하니까 이런 일이 벌어진 거 아니야'라며 질책하는 사람도 있을 것이다. 꾸짖고 싶은 마음은 이해가 된다. 하지만 최종적으로 책임은 상사인 자신에게 있다고 생각해야 맞다. 부하에게 책임을 강요하면 상대를 궁지에 몰기만 할 뿐 아무런 해결도 되지 않고, 상사로서 책임 능력을 의심받게 된다.

따라서 이럴 경우에는 왜 그런 실수가 일어났는지, 먼저 **경위**를 확인하자. 그리고 다음에 같은 실수를 하지 않으려면 어떻게 해야 하는지, 그 **개선책**을 본인에게 먼저 생각하게 하는 것이다. 이때 먼저 '이렇게 했으면 좋았을 텐데'라는 말을 하지 말 것. 먼저 이렇게 얘기하면, 상대는 '그럼 미리 그렇게 말 좀 해 주지'라는 생각을 하게 되어 **'지시를 기다리는 사람'**이 되고 말 것이다.

본인이 반성하도록 만들고 스스로 움직이는 인재로 키우려면 **'당신은 어떻게 생각하나?'**라고 묻는 것이 좋다. 일방적으로 반성하라고 해도 본인에게 그럴 마음이나 능력이 없으면 부응할 수 없을 테니 변명의 기회를 주는 것도 필요하다. '원인과 대책', 본인의 '마음과 생각'을 모두 자신의 말로 설명하도록 지도하는 것이 적절한 대응 방법이다.

바 꾸 어 **72** 말 하 기

제대로 해 주세요

이 작업은 ○○까지 해 주세요

◎ 호감을 주는 한마디

'제대로', '똑바로' 등의 막연한 말은 단독으로 쓰지 않는다

'제대로 해 주세요'라는 말을 들을 때가 있다. 하지만 무엇을 어떻게 제대로 하는지, 말한 본인의 생각을 제대로 이해할 수 있는 사람이 있을까?

예를 들어 복장 하나만 봐도 정장을 입어야 제대로 입었다고 생각하는 사람이 있는가 하면, 청바지에 재킷만 입어도 제대로 입었다고 생각하는 사람도 있다.

가치관은 그렇게 사람마다 다른 법이다. 따라서 제대로 하라는 막연한 말로 아무리 주의를 줘도 말한 사람과 들은 사람의 감각이 엇갈리므로 서로 이해할 수 있는 사태 해결은 되지 않는다.

'잘해', '똑바로 해', '그냥 평범하게 해'라는 것도 마찬가지로 주의나 지적을 줘야 하는 상황에서는 쓰지 말아야 할 **부적절한 표현**들이다.

주의를 주고 싶은 내용이 확실할 때는 '이 작업은 아직 마무리가 덜되었어요. 반드시 여기까지는 해 주세요.'라며 **'구체적인 지시'**를 내려야 상대방이 알아준다.

예를 들어 복장을 주의주고 싶다면 '이번에 거래처와 얘기하는 자리에 청바지 복장은 실례가 됩니다. 정장을 입고 오세요', 언동을 주의주고 싶다면 '회의 중에 개인적인 이야기는 삼가세요'라는 식으로 무엇을 주의받았는지 상대방이 이해할 수 있는 설명이 필요하다.

'말 안 해도 알겠지'는 트러블의 불씨가 될 가능성이 매우 크다.

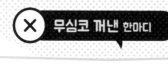 ❌ 무심코 꺼낸 한마디

이런 실수 부끄럽지 않아?

저는 이렇게 생각하는데, 어떻게 생각하세요?

◎ 호감을 주는 한마디

타인은 자신과 다른 사람이다.
'인격 부정'이 아니라 존중하는 자세가 중요하다

주의를 주거나 질책할 때, 감정적이 되면 발생한 실수나 문제 자체에 대해서가 아니라 실수를 한 그 사람의 성격을 따지는 말을 입에 담기 쉽다. **'그렇게 칠칠치 못하니까 실수를 하지', '이런 실수 부끄럽지 않아?'**라며 타박하는 듯한 표현부터 '너처럼 대충하는 사람이랑 같이 일 못 해', '이렇게 일을 못하는 인간은 처음이야'라는 폭언까지 종류도 참 다양하다. '누가 그런 폭언을 해?'라고 생각하는 사람도 가족이나 가까운 친구에게 강하게 말할 때가 있지 않은가?

명백한 인격 부정은 지도가 아니라 공격, 또는 차별이 되어 상대방에게 심한 상처와 고통을 준다. 직장 내 괴롭힘으로 고통을 호소하는 경우도 적지 않다.

'칠칠치 못하다', '부끄럽다'라고 생각하는 것은 말한 사람의 **'주관'**이므로 '그런 태도는 부끄러우니까 하지 마세요'라고 아무리 주의를 줘 봤자, 들은 당사자와는 상관이 없는 이야기다.

따라서 표현을 바꾸기보다는 아예 말하지 말아야 한다. 그래도 '이건 부끄러운 일이다', '앞으로 하지 말아라'라는 말을 꼭 해야겠다면 아이(I) 메시지인 **'자신의 시점'에서 구체적으로 이야기하자.** 예를 들어 '나는 발을 벌리고 의자에 앉는 건 부끄러운 일이라고 생각하는데, 넌 어떻게 생각해?'라는 식으로 타인은 자신과 다른 인간이라는 걸 의식하면 한 걸음 물러나서 객관적인 대화를 할 수 있을 것이다.

바 꾸 어 **74** 말 하 기

그런 것도 몰라?

◎ 호감을 주는 한마디

모르는 게 있으면 가르쳐 드릴게요

상대를 깔보지 말고 곁에 다가가는 표현으로

무슨 잘못을 했거나 일하는 방법을 모르는 사람이 있으면 **'웅? 그런 것도 몰랐어?'**라며 깔보는 사람이 있다. 이것은 상대방을 완전히 밑으로 보기 때문에 신경을 거슬리게 만드는 짓궂은 표현이다. 듣는 사람은 백이면 백 불쾌한 기분이 들 것이다.

자신의 입장에서 당연히 아는 사실이라고 해서 타인이 반드시 알아야 할 이유는 없다. 오히려 지식이나 정보는 사람에 따라 차이가 있는 것이 당연하다. 그런데 마치 모르는 것이 무슨 잘못이라도 되는 양 타박하는 것은 인격 부정으로 이어지고, 상대방에게 큰 고통을 주게 된다.

일 관계로 반드시 알아야 할 것이라면 **'이 일 어떻게 하는지 아시나요? 혹시 모르는 게 있으면 가르쳐 드릴게요'**라는 식으로 말하는 게 좋을 것이다. 그렇게 상대를 존중하며 말할 줄 아는 사람은 아주 훌륭하며 신뢰감도 올라간다.

일이 아니라 뉴스나 유행 정보처럼 관심이 없는 사람 입장에서는 들으나 마나 한 이야기를 하고서 '그런 것도 몰라?'라고 묻는 것은 실례다. 상대를 불쾌하게 만들어서 짜증을 유발할 뿐이니 비록 친구 사이라 할지라도 말하지 않는 것이 무난하다.

만약 상대방이 아는지 모르는지 궁금하다면 '그 브랜드 신상품 알아?'라는 식으로 확인하자. 만약 모른다면 **'진짜 쓰기 편하더라'**라며 가르쳐 주면 된다.

제 9 장

타인과의 거리

오랫동안 커뮤니케이션 전문가로서 상담해 온 경험으로 미루어 확실하게 말할 수 있는 점은 '타인과의 거리감'을 잘 모르는 사람들이 무척 많다는 것이다. 타인과의 거리를 적당히 잘 지키려면 '동감하기'가 아니라 '공감하기'를 철저히 해야 한다. 또한 멀지도 가깝지도 않게 '일정한 거리'를 지켜야 한다.

상대방에게 호감을 얻고 싶거나 친해지고 싶다는 일념으로 사람과 사람 사이에 있는 경계선을 뛰어넘어 상대의 영역으로 들어가는 사람. 반대로 가까이 다가가지 못하고 아무리 시간이 지나도 타인과의 거리를 좁히지 못하는 사람. 자신도 상대도 기분 좋게 사귈 수 있는 적당한 관계가 무엇인지 모르는 채로 헤매는 사람이 적지 않다.

호감을 주는 사람은 상대방의 마음 영역으로 거침없이 들어가지 않고 적절한 거리감을 유지한다. 상대에 대해 다 알지 못해도 좋다. 자신과 상대의 영역이 겹치는 부분이 좁고 짙어야 양호한 인간관계를 키울 수 있다.

무심코 꺼낸 한마디

> 저도 같은 입장이라 이해해요

> 똑같지는 않지만 알 것 같아

◎ **호감을 주는** 한마디

동감과 공감은 비슷해 보이지만 다르다

대화 상대가 부정적인 주제를 꺼냈는데 자신도 비슷한 경험이 있으면 가까워지고 싶은 마음에 '저도 같은 입장이라 이해해요'라고 말하는 사람이 있다.

그러나 동감과 공감은 비슷하면서도 다르다. '알지, 알지'가 꼭 필요하지 않은 말인 것처럼, 같은 경험을 했다고 해도 타인과 자신의 생각이나 가치관이 완전히 일치하는 것은 말이 되지 않는다.

그 사실을 감안한 후에 풀이 죽어 있는 사람이나 곤란에 빠진 사람을 위로하고 격려하고 싶을 때는 **'저도 그럴 때가 있었는데, 똑같지는 않지만 알 것 같아요'**라는 식으로 말하는 것이 적절하다.

단, 그 후에 생각해 준답시고 '나는 이랬으니까 이렇게 하는 게 좋아, 저렇게 하는 게 좋아'라며 일방적으로 조언을 하지 않도록 주의해야 한다. 참견하고 싶은 마음은 알겠지만, **상대방과 자신의 체험은 다르다.** 아무리 설득력이 있는 조언을 했다 해도 타인에게는 도움이 되지 않을 때가 더 많다.

카운슬링을 할 때도 기본적으로 안이하게 동감하지 않는다. 그냥 평소 대화를 할 때는 동의해 줬으면 할 때가 있을 것이다. 그럴 때는 **'똑같은 일은 아니었지만'**이라고 전제를 깔고 얘기하도록 하자.

미리 좀 말을 해 주지

힘이 되고 싶었어. 곤란한 일 생기면 연락해

◎ 호감을 주는 한마디

상담을 할지 말지는 그 사람의 자유.
자신의 마음을 전달하면 된다

안 좋은 일을 겪은 사람이 '이런 일이 있어서 힘들었어'라며 사실을 털어놨을 때, '미리 좀 말을 해 주지'라고 대답한 적은 없는가.

'무슨 도움을 줄 수도 있었을 것 같은데', '말해 줬으면 어떻게 해 줬을 텐데'라며 배려한답시고 말을 하더라도, 상대방은 알려주지 않았다는 것을 나무라는 듯한 느낌이 들어서 괜히 더 상처를 받게 된다.

친구가 전에 트러블이 있었다는 걸 SNS에 적었더니 '말을 해 줬으면 도와줬을 텐데. 너무 섭섭하다. 화가 나요'라는 댓글을 단 사람이 있어서 기분이 더 안 좋아졌다고 했다. 그 사람에게 도움을 받고 싶다는 생각은 추호도 없었기 때문이다.

그럴 때 연락을 하지 않았다고 해서 상대를 질책하는 것은 이상하다. 조금 심하게 말하면, 고민을 털어놓지 않았다는 것은 자신이 그 정도 사이이기 때문이다. 만약 정말 그 사람에게 도움이 되고 싶었다면 **'내가 이런 걸 할 수 있으니까 도움이 되고 싶었는데'**라며 자신의 마음만 전달하도록 하자. 또한 **'도울 일 있으면 연락해 줘'**라며 미래에 일어날 일에 대해 말하는 것은 문제없다.

아무리 친하다고 해도 상대에게는 상대의 사정이 있다. 무엇이든 서로에 대해 다 알 필요도 없다. 친구를 사귈 때도 적당한 거리를 유지하도록 하자.

감히 제가 어떻게 해요.

제가 해도 괜찮다면 하겠습니다

◎ 호감을 주는 한마디

'감히 제가'가 아니라
'제가 해도 괜찮다면'이라고 하면 호감도 상승

'**감히 제가**'라는 말에는 '협박'과 '보험'의 뜻이 담겨 있다. 자신을 낮추는 표현은 얼핏 겸손하게 보이지만, 무척 거만한 태도를 나타낸다.

예를 들어 '이 일을 당신에게 맡기고 싶다'라는 부탁을 받았을 때, '감히 제가 어떻게 해요. 그런 거 못해요'라고 말해 놓으면 상대방이 바라는 결과를 내지 못했을 때 '그러니까 못한다고 했잖아요'라고 변명할 수 있다. 142 페이지에서 나왔던 '어차피'와 똑같이 보험을 걸어 놓는 것이다.

또한 '감히 제가 어떻게'라며 자신을 깎아내리는 것은 '그렇지 않아요'라는 말을 듣고 싶어서 상대를 시험한다는 증거이다. '인정받고 싶다'라고 생각하는 자기 승인 욕구가 숨어 있는 표현이다.

그러나 상대는 할 수 있다고 생각해서 부탁하는 것이니 그렇게 비뚤어진 대답이 돌아오면 '이 사람 참 성가시네' 하고 생각할 뿐이다. 그렇다고 해서 '그럼 됐어' 하고 돌아설 수도 없으니 '괜찮아요' 하고 일단 얘기는 할 것이다. 하지만 다음부터는 '이 사람에게는 마음 편하게 부탁 못 하겠네'라고 생각할 수도 있다.

자신을 믿고 맡겨 준 사람이 멀어지지 않게 하려면 '**제가 해도 괜찮다면 하겠습니다**'라며 긍정적인 대답을 하는 것이 가장 좋다. 의욕 있는 솔직한 자세를 보여줄수록 상대방의 호감도 올라가는 것이다.

✕ **무심코 꺼낸** 한마디

지금까지 참고 있었는데 그 방법은 아닌 것 같아요

그런 방법도 있는데 저는 이렇게 하는 게 좋을 것 같아요

◎ **호감을 주는** 한마디

불만이나 요구를 전할 때는 상대를 나무라지 말고
자신의 생각을 말하자

지금까지 말하고 싶어도 꾹 삼키고 있었던 이야기를 꼭 전해야 할 때는 말을 어떻게 선택해야 할지 참 어렵다. 왜냐하면 참고 있었던 만큼 감정이 상당히 올라와 있어 냉정하게 전달하기가 힘들기 때문이다. **'지금까지 참고 있었는데'**, **'분명히 말하는데'**, **'전부터 얘기하고 싶었는데'** 등 여러 가지 전제가 있다. 하지만 모두 다 **고압적**으로 들리기 때문에 상대방이 '갑자기 뭐야? 왜 그래?' 하고 긴장하게 된다.

특히 상대방에 대한 불만이나 요구를 할 때 '지금까지 가만히 있었는데 너 너무하는 거 아니야?', '분명히 말하는데 넌 애가 지각도 자주 하고 야무지지가 못해'라는 등의 발언은 **인격 부정**이기 때문에 상대방에게 정신적 타격을 줄 가능성이 있다. 사람 본인을 비난하지 말고 무엇에 불만이나 요구가 있는지를 명확히 전달하자.

처음에 상대를 수용하는 말로 시작하면 뉘앙스가 확 달라진다. **'그런 생각도 할 수 있지.** 그런데 난 더 신중하게 생각하는 게 좋을 것 같아'라고 말하면 강요가 되지 않는다. 물론 '지금까지 말 안 했는데 나 결혼했어', '전부터 말하고 싶었는데 나 이번 달에 회사 그만둬'라는 식으로 비밀을 털어놓기 위한 전제로 쓴다면 아무런 문제가 없다. 듣는 사람도 '축하해', '몰랐어'라며 솔직하게 받아들일 수 있다.

하기 어려운 말은 듣는 사람이 '조금 궁금한데?'라고 생각할 정도에서, 말하는 사람에게 여유가 없어지기 전에 말하는 것이 중요하다.

바 꾸 어 **79** 말 하 기

❌ **무심코 꺼낸** 한마디

넌 그나마 괜찮잖아

↓

그렇군요

◎ **호감을 주는** 한마디

상대방의 개인적인 고민은 그냥 받아들이기만 해도 된다

인간관계를 양호하게 다지고 있는 사람들은 상대방을 타인과 비교하거나 자기식으로 해석해서 말하는 등 상대를 가르치려 드는 말은 쓰지 않는다. 그런데 아주 평범한 대화 속에서 배려한답시고 말했다가 오히려 의도와 달리 흘러가는 것이 **'넌 그나마 괜찮잖아'**라는 표현이다. 예를 들어 위로할 생각으로 **'그 정도 실수로 끝나서 그나마 다행이지'**라고 말한 적이 있지 않은가?

이런 이야기를 들은 적이 있다. 재난 지역에서 봉사활동을 하는 사람이 재난을 당한 사람에게 위로한답시고 '집은 무너졌지만 부상만 당하고 끝났으니 불행 중 다행이에요'라고 말했다고 한다. 그 말을 들은 당사자는 '당신이 내 마음을 어떻게 알아?'라는 생각에 화가 치밀었다고 했다.

경제적으로 힘겹다고 말하는 사람에게 '그래도 생활은 어떻게든 하고 있으니까 괜찮은 거 아니야?'라고 하는 것이나, 외모에 신경 쓰는 사람에게 '건강한 몸이 있으면 됐지'라고 말하는 것도 똑같다. 남의 일이라서 할 수 있는 말은 아무리 위로할 마음으로 했다고 해도 당사자에게 불쾌감을 줄 수 있다.

그래도 뭔가 말해야 할 때가 꼭 있다. 그럴 때는 **'다치셨군요. 퇴원해서 정말 다행이에요'**라며 사실에 맞춰 자신의 마음을 전달하면 된다. 개인적인 문제에 대해서는 **'그렇군요'** 하고 그냥 받아들이기만 해**도 좋다.** 남의 일을 경솔하게 받아치는 발언은 삼가도록 하자.

결과가 좋으면 됐지

마지막까지 정말 열심히 했어

◎ 호감을 주는 한마디

결과가 아닌 과정을 평가하자

결과만 평가하고 과정을 평가하지 않는 사람은 '뭐니 뭐니 해도 결과만 좋으면 됐지'라며 결과론적인 관점에서 보기 십상이다. '평소에 어디서 뭘 하든지 결과만 내면 상관없다'라는 긍정적인 뜻으로 사용할 때도 있지만, 그 말을 들은 사람은 '아무리 노력해도 결과를 못 내면 평가받지 못하는 건가……'라며 오히려 압박감을 느끼게 된다.

예를 들어 목표 매출은 1,000만 원인데 직장 동료가 950만 원으로 목표를 달성하지 못하고 끝났을 때, **'왜 결과를 못 냈어'**라며 마이너스 평가를 내리는 상사. **'아쉽지만 마지막까지 열심히 했지. 발표 자료는 정말 잘 만들었어'**라며 과정에 대해 플러스 평가를 내리는 상사. 이런 두 가지 타입이 있다면 동기 부여가 되는 것은 틀림없이 후자일 것이다.

당신이 만약 가까이 있는 사람과 삐걱거린다 싶으면 원인은 거기에 있을 가능성이 있다. 만약 상대에게 기대하거나 요구하는 것이 있는데 결과만 놓고 평가했다면, 그 생각은 다시 하는 게 좋다.

양호한 인간관계는 상대의 장점이나 노력한 과정을 **'인정하는 것'**에서 출발한다. 호감을 주는 사람은 그 선순환을 만들어 낸다. 자신의 노력을 스스로 인정할 줄 아는 사람은 타인의 노력도 알아보고 과정까지 포함해서 평가할 수 있게 된다.

바 꾸 어 **81** 말 하 기

✕ 무심코 꺼낸 한마디

너를 생각해서 하는 말이야

나는 이렇게 생각해

◎ 호감을 주는 한마디

'너를 생각해서'는 자기만족을 위한 말

직장에서나 가정에서나 **'너를 생각해서 말하는 거야'**라고 하는 사람에게는 주의가 필요하다. 자기만족을 위한 말로 상대방에게 바라는 것을 마치 생각해 주는 것처럼 선의로 위장해서 지배하려는 것이다. **'가혹한 말일지도 모르겠지만'**이라는 전제도 마찬가지로 자신이 상대방을 컨트롤하고자 하는 마음이 강할 때 나오는 말이다. 그 후에 이어지는 말은 대체로 상대방이 기대를 저버렸다는 것에 대한 불만이나 공격이다. 기대감이란 자신의 생각대로 되지 않으면 공격으로 바뀌기 십상이다.

직장에서는 이러한 말을 사용해서 부하나 후배의 위에 서려는 사람이 많다. 누군가에게 지기 싫다는 마음이 강한 사람일수록 능력 있는 사람을 짓밟으려고 한다. 특히 그 대상이 되기 쉬운 사람은 자기주장을 하지 않는 사람이다. 또한 지시를 내렸더니 '이런 식으로 하면 너무 안이한 것 같은데요?'라는 등 아픈 곳을 찔러 오는 능력 좋은 부하도 대상이 될 수 있다. 자신이 벅차다고 느끼게 되면 위협을 느끼게 되기 때문이다.

'너를 생각해서'라는 말을 하고 싶어질 때는 자신의 마음을 똑바로 보고, 정말 그 사람을 위해 말해주고 싶다면 **'내 생각에는 이렇게 하는 게 좋을 것 같아'**라고만 말해서 내용을 간결하게 끝내자. 부정적인 감정이란 말에 실리기 쉬우므로 객관적으로 자신을 돌아보고 냉정한 대처를 하도록 하자.

바 꾸 어 **82** 말 하 기

그건 아니잖아

어떤 마음으로 그렇게 한 거야?

◎ **호감을 주는** 한마디

평가하는 태도로 자주 말하는 사람은
자신이 제일 잘났다고 생각하는 사람이라는 증거

좋은가 나쁜가, 옳은가 그른가, 잘하는가 못하는가. 이런 식으로 단정하는 대응을 '**평가적 태도**'라고 한다.

이러한 양자택일로 사람을 평가하는 것은 '자신이 우위의 입장'에 있다고 생각한다는 증거다. 자신은 상대보다 머리가 좋고 일도 잘하고 옳다는 자신감이나 교만 때문에 상대를 평가해서 자기만족을 하려는 사람이 적지 않다.

상대가 한 일을 '그건 안 좋은 것 같아', '그건 관두는 게 좋겠는데'라며 판정을 내리는 것도, 근거도 없이 주관만으로 '괜찮아'라고 하는 것도 마찬가지다. 상사가 젊은 부하에게 '괜찮아요'라는 말을 듣고 발끈했다는 이야기를 들은 적도 있다.

일방적으로 판단을 내리는 행위는 상대방을 불쾌하게 만든다. 이러한 발언을 많이 한다고 느끼는 사람은 일단 자신의 마음이 가는 대로 판단하는 것을 삼가도록 하자.

반론을 하고 싶을 때는 판정을 내리지 말고 '**어떤 마음으로 그렇게 한 거야?**'라며 일단 상대의 의도를 확인하는 것이 좋다.

다른 의견이 있다면 '나는 이렇게 생각해'라며 의견을 말하는 것이다. 그리고 반론을 당한다 해도 평가하지 말고 서로 이해할 수 있도록 대할 것.

감정이 앞서지 않고 대등한 입장에서 대화할 수 있도록 노력할 수 있으면 좋겠다.

바꾸어 **83** 말하기

결혼은 안 해?

. . .
〈개인적인 사생활에 대한 질문은 하지 않는 편이 낫다〉

◎ **호감을 주는** 한마디

타인의 개인적인 일에 불쑥불쑥 끼어들지 말자

업무와 상관없는 잡담을 하고 있다 보면 상대방의 개인적인 일이 화제에 오를 때가 있다. 흔히 미혼 여성에게 '남자친구 있어?', '결혼은 안 해?', '아이는 어떻게 할 거야?', '어디 살아?' 등등 개인적인 일을 물을 때가 있다.

물론 관계성이 얼마나 깊은가에 따라서도 달라지지만, 연애나 결혼, 출산 등의 이야기에 민감한 사람도 많기 때문에 불쑥 침범해서 질문을 하면 성희롱이 될 가능성도 있다.

특히 **처음 만난 사람에게 개인적인 일을 물어서 깊이 들어가려는 것은 반드시 금지해야 한다.** 갑자기 '**나이가 어떻게 돼요?**', '**남자친구랑 자주 만나요?**', '**결혼했어요?**'라는 질문은 무신경하고 큰 실례가 된다. 여성이 남성에게 묻는 것도 똑같이 싫어한다고 생각하는 것이 좋다.

상사가 부하에게 '아직 결혼 안 했어? 빨리 결혼해', '아이는 ○○살까지는 낳아야지', '결혼하고 출산해도 남편이 돌봐줄 테니까 좋겠다'라며 **낡고 보수적인 가치관을 강요**하는 경우는 정말 최악이다. 이런 것은 꼰대나 성희롱의 사례로 자주 듣는 이야기다.

친한 사람과 개인적인 이야기를 나누는 것은 문제없다. 하지만 거리가 크게 가깝지 않은 사람의 사적인 영역으로 발을 들여놓는 질문은 금기다.

애초에 개인적인 이야기를 공유하고 싶은 사람은 스스로 이야기를 꺼낼 테니 그때까지 기다리는 것이 좋다. 단계를 밟는 것, 그리고 상대방과 자신의 경계선을 잘 파악하는 것이 중요하다.

바 꾸 어 **84** 말 하 기

 ❌ **무심코 꺼낸** 한마디

그런 거 별거 아니야

뭐가 제일 신경 쓰여?

◎ **호감을 주는** 한마디

'별거 아닌지 맞는지'는 당사자가 정하는 것

만약 당신이 짜증나는 일로 고민에 빠졌을 때, 타인이 '그런 거 별거 아니야', '신경 쓰지 마'라고 말을 건넨다면 어떤 기분이 들까? 고민하는 일이 '별것인지 아닌지'는 **당사자가 아니면 알 수 없다.** '신경을 쓸지 말지'도 본인이 간단히 제어할 수 있으면 고민할 일도 없을 것이다.

이러한 발언은 '당신의 고민은 무의미하고 가치가 없다'라고 멋대로 판단하고 고민하는 것 자체를 부정하는 셈이 되므로 듣는 사람 입장에서는 기분이 상한다.

그럴 생각은 전혀 없고 정말 상대를 걱정해서 힘을 내길 바란다면, **'그 일에서 뭐가 제일 신경 쓰여?', '걱정스러운 일이나 곤란한 일이 있으면 얘기해 줘'**라고 물어보자.

예를 들어 상사에게 혼이 나서 풀이 죽어 있는 동료에게는 '상사에게 들은 말 중에 뭐가 제일 신경 쓰였어?'라고 물어서 마음을 털어놓게 하는 것이다. 그럴 때는 이것저것 조언을 할 필요가 없다. **'그런 마음이 들었구나'**라며 이야기를 들어주기만 해도 마음이 홀가분해져 생기를 되찾는 사람도 있다.

그 후에 상대는 '얘기 들어줘서 고마워'라고 말해 준다면 더할 나위 없이 좋으며, 좀더 양호한 관계성을 유지할 수 있을 것이다.

바 꾸 어 **85** 말 하 기

❌ 무심코 꺼낸 한마디

고민이 없어 보여

↓

항상 밝아 보여

◎ 호감을 주는 한마디

'고민이 없어 보여'에는 '생각이 없고 둔해 보여'라는 뉘앙스가 있다

고민이 없는 것은 매우 좋은 일이다. 그러나 '고민이 없어 보여', '무슨 일이 있어도 화를 내지 않을 것 같아'라는 말을 타인에게 들으면 기분이 복잡해지지 않는가?

누구나 고민 하나둘 정도는 갖고 있다. 짜증나는 일이 있으면 화도 낸다. 그런 게 전혀 없는 사람은 천진난만하거나 둔해서 아무런 생각이 없는 사람처럼 보이기 때문에 칭찬은커녕 부정적인 의미로 받아들이기 쉬운 말이다.

'마음 편해서 좋겠다'라며 비아냥대는 것으로도 들려서 사람에 따라서는 바보 취급을 당하는 느낌이 들어 상처를 받을 수도 있다.

그럴 생각은 전혀 없이 늘 밝고 활기찬 사람에게 긍정적인 인상을 전하고 싶다면, **'항상 밝아 보여'**라며 있는 그대로 전달해야 오해가 생기지 않는다.

늘 웃는 얼굴에 마음이 온화한 사람에게는 '○○ 씨는 항상 친절하고 웃는 얼굴이 멋져요'라며 생각을 그대로 말해야 고스란히 전해진다.

그런 사람이 부럽다면, **'무슨 일이 있어도 끙끙 앓지 않는 ○○씨랑 있으면 힘이 나요. 저도 배워야겠어요'**라며 마음까지 전하면 상대방도 진심으로 말해 준다고 느끼기 때문에 좋은 뜻으로 받아들일 것이다.

실제로 어떤지 알 수 없는 일을 의심하는 듯한 말투로 얘기하는 것은 피하도록 하자.

바꾸어 **86** 말하기

✕ **무심코 꺼낸** 한마디

저는 이랬어요

↓

당신은 그러셨군요

◎ **호감을 주는** 한마디

자기 이야기만 하는 일방통행은 겉돌기만 할 뿐

타인의 이야기에는 흥미가 없고 자신의 이야기만 해서 사람들을 피곤하게 만드는 사람이 주변에 꼭 있다. 예를 들어 최근에 본 영화 이야기를 시작하면 '그거 나도 봤어, 재밌어서 내 청춘 시절이 생각나더라. 사실 나도 이런 일이 있었거든……' 하며 **대화를 가로채서 자신의 이야기를 시작하는 사람** 말이다.

이런 타입의 사람 중에는 악의는 없이 오히려 좋아할 줄 알고 말하는 사람이 많은데, 커뮤니케이션은 상호 이해가 있을 때 비로소 성립하는 것이다. 자신이 하고 싶은 말만 계속 얘기하면 신뢰 관계가 깊어지지 않는다.

특히 상대방이 자신보다 나이가 어리고 지식이나 경험이 적은 경우에는 '자신의 체험담을 이야기해 주는 것이 친절하다'고 착각하는 사람도 있다.

그러나 이야기를 가로채서 아무리 좋은 정보나 조언을 해 봤자 그냥 넘길 것이다. 오히려 '얘기도 안 들어주고. 하고 싶은 얘기도 못하고'라는 불만만 느끼게 해서 나쁜 인상을 주는 결과를 낳게 된다.

그렇게 되지 않으려면 마지막까지 이야기를 듣고 **'그런 일이 있었구나'**라며 일단 받아들일 것. 그 후에 **'잠깐 내 얘기도 들어 줄래?'**라고 양해를 구한 다음에 얘기하면 들어 줄 것이다. 자기 얘기만 해서 일방통행을 하면 겉만 빙글빙글 돌아 손해를 볼 뿐이다.

바 꾸 어 **87** 말 하 기

 **무심코 꺼낸** 한마디

그거 어디서 샀어?

나도 사고 싶은데, 어디서 샀는지 가르쳐 줄 수 있을까?

◎ **호감을 주는** 한마디

그냥 궁금해서 묻고 싶다면
정보를 제공해 달라는 식으로 부탁해 보자

개인적인 일에 관한 화제에 대해서는 주의점이 아직 더 있다.

예를 들어 상대의 취미나 생활에 대해 이것저것 묻고 싶어 하는 케이스. 여성이라면 상대방의 패션이나 소품에 대해 **'그거 어디서 샀어?', '얼마야?', '그 가방 어디 거야?'** 등 자잘한 것부터 **'휴일에는 뭐 했어?', '남편은 뭐 하는 사람이야?'** 등 사적인 일까지 태연하게 묻는 사람도 있다. 이런 사람이 실제로 상당히 많다.

본인이 스스로 이야기하고 싶어 한다면 괜찮지만, 친하다고 생각하는 사람일지라도 신경에 거슬리는 질문을 하면 분위기는 험악해진다. '그런 걸 왜 굳이 너한테 얘기해야 돼?'라고 생각하며 거리를 두게 될 것이다.

물론 상대가 먼저 '이 가방 괜찮지?'라며 말을 꺼냈다면 얘기하고 싶다는 신호이기 때문에 이것저것 물어도 좋다. 하지만 그렇지 않을 때는 묻고 싶은 게 있다면 **'나도 사고 싶은데, 어디서 샀는지 가르쳐 줄 수 있을까?'**라는 식으로 정보 제공으로 부탁하는 것이다. 그렇게 하면 듣는 이도 불쾌하지 않을 것이다.

단, 상당히 친하지 않고서야 개인적인 취미를 낱낱이 묻는 것은 금물이다. 그런 이야기도 스스럼없이 할 수 있을 만큼 거리를 좁히고 싶다면 우선 자신이 먼저 개인적인 이야기를 해서 마음을 열도록 하자.

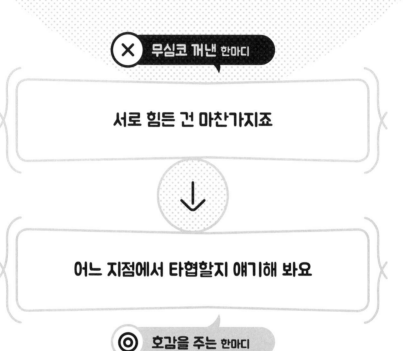

✕ **무심코 꺼낸** 한마디

서로 힘든 건 마찬가지죠

↓

어느 지점에서 타협할지 얘기해 봐요

◎ **호감을 주는** 한마디

흐지부지한 매듭을 지으면 둘 중 한 사람에게 불만이 남는다

예를 들어 단골 거래처에서 상품의 납기를 앞당겨달라는 요청이 왔을 때. 그만큼 가격을 올리기 위해 협상을 하려고 해도 **'서로 힘든 건 마찬가지니까요'**라는 한마디로 매듭지으려는 케이스가 있다.

발주하는 쪽에서는 '항상 많이 주문하니까 이 정도 얘기는 들어 줘'라는 마음이, 수주하는 쪽에서는 '그쪽 사정에 맞춰서 해 주는 건데 이 정도는 더 지불해야지'라는 마음이 있다.

이런 상황에서 '서로 힘든 건 마찬가지니까요'라는 말을 쓰면 '우리도 힘드니까 그쪽도 좀 참고 서로 봐 주자'라는 무언의 압력이 느껴지는 데다가 **찝찝한 불만이 남는다.** 흐지부지한 태도로 강요하는 것은 나쁜 인상을 준다. 그러한 스트레스를 느끼지 않고 조금이라도 기분 좋게 거래를 하기 위해서는 **'어느 지점에서 타협할지 얘기해 봐요'**라며 단도직입적으로 말하고 대화를 하는 것이 좋다.

코로나 때문에 힘든 상황에 빠진 분들도 많을 것이다. 계약이나 스케줄이 무효가 되는 등, 여기저기서 이런 상황이 일어나지 않았을까?

그런 상황에서 '긴급 사태라 서로 힘든 것은 마찬가지'라며 당연하듯 요구에 응하라는 말을 들으면 어떨까? 실제로는 어찌할 도리가 없는 일이라도 성의를 갖고 타협하는 자세를 보여주는 것이 무엇보다 중요하다.

제 10 장

들어주기

누군가와 단둘이서 이야기하는 장면을 상상해 보자. 상대방의 태도가 자신을 깔보는 듯하거나 귀찮은 것처럼 보이면 얘기할 마음이 싹 가신다. 말하는 태도는 물론이지만, 듣는 태도에도 그 사람의 속마음이 나타나기 쉬운 법이다.

호감을 주는 사람들은 '당신의 이야기를 잘 듣고 있습니다'라며 상대방이 알 수 있도록 표시를 하며 듣는다. 이것은 카운슬링의 뼈대가 되는 아주 중요한 포인트이기도 하다.

이야기 내용에 맞춰 풍부한 표정으로 상대방의 이야기에 흥미를 갖고 들으면, 아무리 말이 없는 사람이라도 조금씩 입을 열게 된다. 그러나 무표정으로 아무런 반응도 보이지 않고 앉아 있기만 하면 그 자리에 있기도 싫어져서 바로 자리를 박차고 나간다.

듣는 태도 하나로 마음을 여는 사람이 있는가 하면, 멀어지는 사람도 있다. 고개를 끄덕이거나 맞장구치는 것을 잊지 말고 풍부한 표정으로 반응하는 습관을 들이도록 하자.

바 꾸 어 **89** 말 하 기

❌ **무심코 꺼낸** 한마디

하고 싶은 말 다 해도 돼

↓

뭐 힘든 거 있어요?

◎ **호감을 주는** 한마디

'하고 싶은 말 다 해'라고 말하는 사람에게는
오히려 털어놓기가 어렵다

평소 불평이나 고민을 들어줄 상대가 있는 사람은 이미 무슨 이야기든 할 수 있는 양호한 관계를 키워 나가고 있는 것이다. 반대로 평소에 하고 싶은 말을 하지 못하는 사람은 상하 관계나 이해 관계 등이 있다는 이유로 일부러 거리를 두는 사람이다. 혹은 단순히 성격적인 궁합이 맞지 않는 경우도 있다.

따라서 '하고 싶은 말 다 해도 돼'라는 말이 굳이 나오는 상황이란 '말하면 혼날 것 같아', '찍히면 어쩌지?', '지금 뭐 시험하고 있는 거 아니야?'라는 등의 걱정 때문에 섣불리 말을 못하는 경우라는 것을 상상할 수 있다.

그러한 상황에서 상대방이 고민이나 걱정을 솔직하게 말해 주길 바란다면 'OO 일 때문에 무슨 걱정 있으세요?'라든가 '앞으로 경력 관리는 어떻게 하고 싶으세요?' 등 **묻고 싶은 이야기를 구체적으로 전달**해야 한다. 안 그러면 상대방은 좀처럼 입을 열려고 하지 않는다. 상호 교류가 깊지 않은 관계에서 '뭐든지 다'라는 말은 범위가 너무 넓어서 오히려 무슨 이야기를 해야 할지 몰라 어쩔 줄 모르게 된다.

겉치레가 아니라 정말로 의견을 듣고 싶을 때는 'OO에 대해서 **의견 부탁드려요**'라고 직접적으로 이야기하면 의견을 받을 수 있을 것이다.

상대방에게 가만히 바라기만 하는 게 아니라 **자신이 먼저 어떻게 해 달라고 전하는 것**이 중요하다.

어떻게든 될 거야

어떻게 해야 될지 생각해 보자

◎ 호감을 주는 한마디

근거 없는 격려는 무책임한 행동

실의에 빠져 이야기를 하는 사람에게 생각해 준답시고 '**어떻게든 될 거야**', '**괜찮지 않을까?**'라며 **근거 없는 위로**를 하는 사람이 있다. 이는 201 페이지에서 언급한 '평가적 태도'와 마찬가지로 상대방의 언동을 낮잡아보며 판단을 내리는 매우 무책임한 말이다.

사람에 따라 위로할 생각도 없이 빨리 이야기를 마무리하고 싶은 마음에 '어떻게든 되겠지'라고 말하는 경우도 있다. 이렇게 태도가 가벼운 사람은 인간관계에서 신뢰를 잃기 쉬운 타입이다. 어떻게든 된다는 말을 해 봤자 도저히 어떻게 되지 않는 고민이나 걱정도 있으니까 이야기를 털어놓는 것이다. 그 말을 들은 사람은 '이 사람에게 아무리 얘기해 봤자 자기 일처럼 진지하게 안 들어줄 것 같아'라고 생각하게 된다.

고민에 빠진 사람을 진심으로 위로해 주고 싶다면, 자기 일처럼 이야기를 들어주자. 그리고 필요하다면 '**어떻게 하면 좋을지 같이 생각해 보자**'라며 **같은 눈높이에 서서** 말을 걸어야 성의가 전해진다. 정말로 '어떻게든 되겠지'라고 생각한다면, '무엇이 어떻게 잘 될 것 같으니까 어떻게든 될 거다'라는 것을 구체적으로 말해야 와닿을 것이다.

그런 근거가 없이 격려를 하고 싶다면 '**항상 응원하는 거 알지? 열심히 했으면 좋겠어**'라는 식으로 말해야 상대방도 있는 그대로 받아줄 것이다.

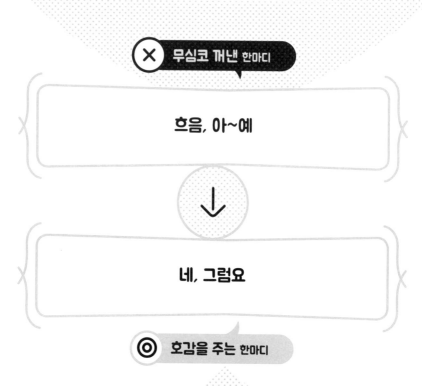

❌ **무심코 꺼낸** 한마디

흐음, 아~예

↓

네, 그럼요

◎ **호감을 주는** 한마디

어정쩡한 맞장구는 관심이 없다는 마음의 표현

남의 이야기를 듣지 않고 있으면 '흐음', '아~예'라는 **영혼 없는 대답**을 반복하기 쉽다. 여기에는 '네 얘기 재미없어', '이 얘기 좀 그만하면 안 될까?'라는 마음이 나타나기 때문에 이야기하는 상대방에게 찝찝한 불쾌감을 주게 된다.

같은 대답이라도 '아~아!'라며 감탄하는 말투는 괜찮지만, 그렇지 않고 형식적인 대답을 몇 번이나 반복해서 많이 사용하면 좋지 않다. 카운슬링을 할 때도 '흐음', '아~예'라는 식의 어정쩡한 맞장구는 쓰지 않는 것이 원칙이다.

제발 이야기를 빨리 끝내 줬으면 할 때는 **'지금 시간이 없으니까 그 얘기는 다음에 들을게'**라고 명확히 전달하면 된다.

중간에 끊을 정도는 아니라면, 잘 듣고 있다는 자세를 보여줄 것. 그러려면 이야기 중간중간에 **'네', '어머', '응', '그렇죠'**라는 식으로 **딱딱 끊어지는 대답**을 하도록 하자.

또한 상대의 이야기가 샛길로 가거나 갑자기 화제가 전환되어 무슨 말을 하고 싶은지 모르겠을 때는 '그런데 ○○ 얘기하고 있지 않았어?'라고 해서 이야기를 원래대로 돌리자. 귀찮다는 생각을 하며 듣고 있으면 상대방에게도 실례다. 피곤할 때나 그밖에 걱정거리가 있을 때도 남의 이야기를 듣기가 어려우므로 '지금 ○○ 상태라 집중해서 듣기가 힘들어'라고 확실하게 말하는 것이 중요하다. 특히 배우자나 아이에게는 자신의 상황을 솔직하게 표현하자.

듣고 있는 거야?

방금 한 얘기에서 궁금한 내용 있었나요?

◎ 호감을 주는 한마디

'듣고 있는 거야?'는 '너 안 듣고 있지?'라는 말이나 마찬가지

꽤 친한 가족이나 친구가 아니면 **'내 얘기 듣고 있는 거야?'**라는 고압적인 질문은 하지 않는다. 그러나 요즘에는 직장에서나 가정에서도 다들 스마트폰이나 컴퓨터만 보고 있어서 말을 건 상대가 자신의 얘기를 듣고 있는지 확인하고 싶은 상황이 늘어난 것도 사실이다. 그럼 가깝지 않은 사람에게 어떤 식으로 말을 바꿔서 표현해야 할까?

'듣고 있는 거야?'라는 말은 '너 내 말 안 듣고 있지?'라는 말이나 마찬가지다. 그러니까 상대방이 이야기를 듣고 있지 않다고 생각하니까 역설적으로 묻는, 매우 부정적인 표현인 것이다. 그 말을 듣고 상대방이 짜증이 났다면 그 말이 사실이라도 '듣고 있다고'라며 대충 둘러댈 때가 있으니 아무튼 서로 불만이 남을 뿐이다.

'지금 얘기 괜찮아요?'도 마찬가지다. '괜찮지 않지?'라는 반어법으로 받아들일 가능성도 많기 때문이다.

이럴 때는 **'방금 한 얘기에서 궁금한 내용 있었나요?'**라고 물으면 부정적인 뉘앙스가 누그러진다. **'나무라는 듯한 느낌'**에서 **'확인하는 뉘앙스'로 바뀌기 때문**이다.

그렇게 하면 'OO 이야기를 조금 더 자세히 들려주세요', '대충 이해했어요'라는 등 상대방도 대답하기가 쉬워진다.

❌ **무심코 꺼낸** 한마디

> 왜 그런 실수를 했어?

↓

> 어떻게 하면 실수를 막을 수 있지?

◎ **호감을 주는** 한마디

과거에 일어난 일을 탓하기보다는 미래를 바라보는 이야기로 실수나 실패를 했다고 주변 사람들에게 비난받는 일만큼 싫은 일도 없다. 누가 실수를 하고 싶어서 하겠는가. 오히려 '이런 방법으로 하면 잘 될 거야'라고 생각해서 했던 일이 생각지 못한 실수로 이어지는 것이니, 본인의 잘못은 본인이 가장 뼈저리게 느낀다. 그러므로 타인이 '왜 그런 짓을 한 거야?'라든가 '왜 실수한 거야?'라며 비난하거나 추궁해 봤자 시간을 과거로 돌릴 수도 다시 할 수도 없는 노릇이니 생산성도 없고 무의미한 질문일 뿐이다.

그래도 원인을 꼭 추궁해야 할 때는 **'이번 실수가 일어난 원인은 뭐죠? 어떻게 하면 다음에 그런 실수를 막을 수 있을까요?'라며 미래에 포커스를 맞춰서** 질문을 하면, 듣는 사람도 이해하고 대답할 수 있다.

그중에는 성질이 급한 상사가 일에서 실수를 한 부하에게 '이게 무슨 얼빠진 짓이야!'라며 일방적으로 노발대발해서 갑질로 이어지는 경우도 있는데, 부하 관리는 상사의 책임이기도 하다.

이런 경우에도 냉정하게 '엎질러진 물을 다시 담을 수도 없으니까 원인을 규명해서 똑같은 일을 반복하지 않도록 대처 방법을 보고하도록 하세요'라고 구체적인 지시를 내리면 원만하게 넘어갈 수 있다. 타인의 과실에 대해 언급할 때일수록 감정이 이성보다 앞서지 않기 위한 '자기 제어력'이 필요하다.

 바 꾸 어 **94** 말 하 기

✕ **무심코 꺼낸** 한마디

그러고 보니 나도 이런 일이 있었어

↓

잠깐만 얘기해도 돼? 내 얘기도 생각이 났어

◎ **호감을 주는** 한마디

이야기를 가로채면 상대방에게는 불만과 답답한 느낌만 남는다

남의 이야기를 듣다가 자신의 기억이나 감정이 떠올랐을 때, 상대방의 이야기를 방해까지 하며 꼭 이야기해야 하는가는 찬반이 갈리는 문제다. 그것이 그냥 자기만족으로 끝나는 게 아니라, 상대방에게 도움이 되는 정보이거나 상대방과 꼭 나누고 싶은 이야기라면 중간에 들어가도 문제는 없다는 게 내 생각이다.

그러나 말을 잘못하면 상대방은 얘기를 빼앗겼다는 느낌이 들게 되므로 잘 생각해서 말해야 한다.

나쁜 예로는 209 페이지에도 나온 것처럼 상대방이 얘기하는 도중에 **'그러고 보니 나도 이런 일이 있었는데……'**라며 **불쑥 끼어드는 경우.** 이런 식으로 말이 끊기면 '아직 얘기하는 중인데……'라며 찜찜함이 남는다. 한편 **'잠깐만 얘기해도 될까?'**라며 양해를 구했을 때 상대방이 '괜찮아, 뭔데?'라고 말해준다면 '지금 얘기를 듣고 나도 생각이 났는데……'라며 자신의 이야기를 해도 좋다.

또한 인간의 감정은 이야기 내용에 따라 항상 같이 흘러가기 때문에 '그러고 보니 아까 얘기했던 A 얘기 말이야, 나도 생각나는 게 있었어'라며 아까 나왔던 화제로 다시 돌아가려 해도 상대방은 똑같은 기분으로 듣지 않을 것이다. 따라서 '지금 꼭 얘기해야 돼'라는 생각이 든다면, 상대방에게 먼저 양해를 구하고 그 화제가 나왔을 때 바로바로 이야기하는 것이 효과적이다. 그 후에는 자연스럽게 하던 얘기로 돌아가 대화의 흐름을 일방적으로 바꾸지 않도록 하자.

무심코 꺼낸 한마디

> 그 얘기, 전에도 들었어요

> 그건 ○○얘기죠? 재미있어요

◎ 호감을 주는 한마디

이미 들었던 같은 이야기라도 느낌을 추가하여 반응하자

같은 이야기를 몇 번이나 되풀이하는 선배나 상사에게 '그 얘기 전에도 들었어요'라고 단도직입적으로 말하면 상처를 받을 수도 있다. 가까운 사람이면 '그 얘기 전에도 했어'라고 말해도 '아, 그랬나?'라며 넘어갈 수 있지만, 특히 상하 관계가 있는 경우에는 그러기가 어려운 법이다.

물론 윗사람이 했던 얘기를 되풀이하면 그냥 참고 넘기는 것도 한 가지 방법이다. 그러나 같은 얘기를 할 때마다 들어주기 싫은 사람은 **'그건 전에도 말씀하셨던 A 얘기죠?'**라며 이미 알고 있다는 사실을 말하는 게 좋다.

그 후에 **'그 얘기 재밌죠', '그 얘기 들으니까 저도 열심히 해야겠더라고요'**라는 식으로 느낀 점을 추가하면, 상대방도 '내 얘기를 기억하고 있었구나'라며 기뻐할 것이다.

같은 이야기를 남에게 할 때마다 마음을 정리하고, 같은 반응을 해주는 사람들을 보며 힘을 얻는 사람도 있다. 이런 사람들은 자신을 과시하거나 타인에게 인정받는 욕구가 강하기 때문에 마음에 여유만 있다면 얘기를 들어주는 편이 양호한 관계성을 유지할 수 있을 것이다. '이 얘기를 하면 이런 반응을 하겠지'라고 생각하는 게 예상대로 일어나면 만족감을 얻기 때문에 **일부러 되풀이해서 안심하고 싶다는 심리도 있는 것**이다.

자신의 얘기를 잘 들어주는 사람에게는 호감이 생기기 마련이다. 그 사실을 알고 있으면 같은 이야기라도 반복해 들어줄 정도의 작은 여유를 가질 수 있을 것이다.

제 11 장

사죄하기

'사죄의 3원칙'이 있다. 그것은 '사실을 인정하고', '심플하게', '1분 1초라도 빨리' 사과하는 것이다. 그러나 장황하게 변명하거나 실수를 감추어 사태를 악화시키는 경우가 자주 있다.

예를 들어 전철이 늦어서 약속 시간보다 늦게 도착했을 때, 상대방에게 폐를 끼친 것은 사실이니 일단 제일 먼저 사과하는 것이 예의다. 그런데 사죄에 서투른 사람은 '전철이 늦어서', '나는 제시간에 출발했는데'라며 먼저 변명을 늘어놓는다. 이것은 좋지 않다.

마음속으로 '나는 잘못한 게 없는데'라며 억울한 부분이 있을지도 모르겠지만, 불이익을 받게 된 상대방은 화가 나거나 기분이 나빠져 마음을 닫아버릴 수도 있다. 우선 '사과'를 하고 상대방이 받아줬을 때 비로소 변명을 얘기해 볼 수 있는 것이다. 똑똑하게 사죄하면 호감도가 올라가기도 한다. 적절한 사과가 더 좋은 인간관계를 다지는 방법 중 하나인 것이다.

아이고, 미~안합니다

(진심을 담아) 정말 죄송합니다

◎ 호감을 주는 한마디

실수 후 사과할 때야말로 또다른 기회

공식석상에서 손윗사람에게 사죄를 할 때, '미~안합니다' 등의 **가벼운 말로 사과를 하면 실례가 된다.** 예컨대 회사에서 업무에 관련된 중요한 회의에 30분이나 늦게 온 사람이 '아이고, 늦어서 미~안합니다'라고 쓴웃음을 지으면서 들어오면 **'미안한 것 같지 않은데……'**라며 차가운 시선을 보낼 것이다. 서로 너무 잘 아는 친구에게 사과할 때는 괜찮지만, 일을 하다 실수를 했을 때는 이런 식으로 말하면 안 된다.

　또한 무슨 일이 있을 때마다 '죄송합니다'를 연발하며 전혀 주눅이 들지 않는 사람을 보면 '사실은 반성 하나도 안 할 것 같은데'라는 느낌이 든다.

　사죄의 표현 방식보다 중요한 것은 마음가짐이다. '변명의 여지가 없을 정도로 죄송하다'라는 뜻을 담아 진정어린 사과를 해야 한다. 진정성을 담아 사죄하는 마음을 전달하고 싶다면 **친근한 표현은 피해야 한다.**

　실수를 했을 때는 '어떻게 대처하려나?'라며 주변 사람들도 궁금해하기 때문에 그야말로 시험을 당하는 순간이다. 그런 의미에서 '기회'이기도 하므로 적당한 거리감과 적당한 말로 성실하면서도 정중한 사과의 마음이 전해질 수 있도록 신경 쓰자.

　사죄하는 방법에 따라 호감이 되기도 하고 비호감이 되기도 한다. 진지한 자세를 보여주는 것이 중요하다.

노력은 했지만 어쩔 수 없었습니다

정말 죄송합니다. 사실은 이런 상황이었습니다

◎ 호감을 주는 한마디

변명을 하고 싶은 마음은 꾹 참고 사실을 얘기해라

사죄의 기본은 태도다. 전철이 늦어서 지각을 하더라도, **불합리하다고 생각하는 일이라도 우선 머리를 숙일 것**. '귀중한 시간을 내주셨는데 기다리게 해서 죄송합니다', '잘못된 대응으로 폐를 끼쳐 죄송합니다' 하며 먼저 폐를 끼친 것에 대해 표현해야 한다.

그런 후에 상대방이 이야기를 들어줄 것 같은 자세를 보이면, '사실 전철이 30분 동안 멈춰서 늦었습니다', '제가 인수인계한 내용이 틀렸다는 걸 뒤늦게 깨달았습니다'라며 실수한 **원인을 직접적으로 전한다.** 상대방이 화가 나 있어서 사정을 설명할 분위기가 아니라면 사과를 먼저 한 다음에 이후에 다시 정식으로 사과를 할 자리를 마련하는 등 적절한 대처가 필요하다.

주의해야 할 점은 '노력은 했는데 어쩔 수 없어서', '최선을 다해 빨리 대응할 생각이었지만'이라는 식으로 마음이나 감정이 들어간 **'변명'을 하지 않는 것**이다.

변명은 책임 전가로 인식되기 쉬워서 거부하고 싶어지는 게 인간의 심리다. 그렇기 때문에 변명을 하면 상대방의 화를 더 돋우는 결과가 되기 쉽다.

한편 사실이나 상황만 간결하게 전하는 것은 실제로 무슨 일이 일어났는지 알고 싶은 상대의 욕구에 답하는 것이므로 귀를 기울여 줄 가능성이 높다. 사죄를 할 때는 변명을 하고 싶은 마음을 눌러 담고 **사실만을 전하자.** 이 철칙을 잊지 말도록.

바꾸어  98 말하기

✕ 무심코 꺼낸 한마디

깜박했습니다

제 인식이 부족했습니다

◎ 호감을 주는 한마디

깜박한 것에 반성의 빛이 보이지 않는 사람에게는
일을 맡길 수 없다

사죄라는 것은 상대에게 폐를 끼쳤을 때 얼마나 성실한 태도로 성의를 가지고 임할 수 있는지에 따라 명암이 갈린다. 이 사실을 항상 의식하면 긴장감이 높아져서 경솔한 말을 하지 않게 될 것이다. 그러나 **'깜박했어요'**, **'잊어버렸어요'** 등 상대방을 대수롭지 않게 여겨 뒷전으로 돌렸다는 것이 드러나는 말을 쓰는 사람이 의외로 많다.

예를 들어 부하가 거래처의 중요 서류를 전철에 놓고 내렸을 때, '깜박했어요'라고 사과를 하면 어떨까? '이제 이 사람한테 중요한 일은 못 맡기겠다'라는 생각이 들지 않는가?

'몰랐어요', '못 들었어요'도 마찬가지다. 이러한 **책임 전가의 말**에서는 반성의 빛을 전혀 느낄 수 없으므로 그 말을 들은 사람은 상대를 더 공격하고 싶어진다.

한편 **'제 인식이 부족했어요'**, **'제 부덕의 소치입니다'**라는 등 정중한 말을 써서 상대방이 '그렇게까지 사과하지 않아도……'라고 생각할 정도로 과장해서 사과하면 잘 풀리는 경우가 많다. 그러나 상대방이 됐다며 배려해 준 것을 곧이곧대로 받아들이고 마치 아무 일도 없었다는 듯한 태도를 취하는 사람은 선의를 보여준 상대에게 불성실하다는 인상을 주기 때문에 신뢰를 잃을 수도 있다. 사과를 한 후에도 긴장을 풀지 말고 **'겸손한 자세'**를 잃지 않도록 하는 것이 중요하다.

바 꾸 어 **99** 말 하 기

 ✕ **무심코 꺼낸** 한마디

> ## 불편을 드려 죄송합니다

> ## 혼란을 드려 죄송합니다

◎ **호감을 주는** 한마디

자신이 먼저 불편이라는 말을 꺼내면
불난 집에 부채질을 하는 꼴이다

컴플레인 대응으로 사죄를 할 때 '불편을 드려 죄송합니다'라는 말이 트러블로 이어지기 쉽다.

예를 들어 '납품을 받은 상품에 표기 실수가 있어 현장 직원이 대응하면서 혼란을 겪었다'라는 클레임이 접수되었다고 하자. 이때 '정말 큰 불편을 끼쳐 드렸습니다'라고 말하면, **불편이라는 표면적인 표현으로 싸잡아서 정리하는 듯한 느낌**이 들어서 '이쪽 상황은 하나도 모르면서'라며 불난 집에 부채질을 하는 꼴이 된다.

이럴 때는 **'직원분들에게 혼란을 끼쳐 드려 정말 죄송합니다'**라며 상대의 상황을 이해했다는 표현을 넣어서 대답하면 불만 사항을 확실히 받아주고 자신들의 입장을 잘 들어줬다는 느낌을 주어 안심할 수 있다.

컴플레인 대응의 기본은 **상대방이 가장 호소하고 싶은 부분을 확실히 파악하는 것**이다. 특히 마음을 표현하는 말이나 사실관계를 설명하는 말은 확실히 받아들일 것.

트러블이 일어났다는 것에 대한 사죄의 마음도 중요하지만, 컴플레인을 말하는 쪽은 자신의 심정을 정확하게 받아들여 주기를 바라는 경우가 대부분이다. 그 마음을 이해했다는 느낌이 전해졌을 때, 상대방도 안심하고 수긍할 수 있는 것이다.

 **무심코 꺼낸** 한마디

다음 주에 사죄 인사드리러 찾아뵙겠습니다

사죄 인사를 드리고 싶은데
오늘 시간 내 주실 수 있을까요?

◎ **호감을 주는** 한마디

위기감 없는 대답에는 뒤로 미룬다는 느낌이 고스란히 담겨있다 실수를 했거나 트러블이 생겼을 때, 만약 원인이 자신에게 있다면 만사 제쳐 두고 폐를 끼친 상대에게 우선적으로 사과하는 것이 예의이다.

하필 바쁜 시기에 연락을 받았다고 해서 '다음 주에 찾아뵙겠습니다'라는 식의 무사태평한 대답은 '그쪽 건은 뒤로 좀 미루겠습니다'라고 말하는 것과 마찬가지다. 상대방은 더 화가 나서 '오지 마'라며 관계를 끊어버릴 가능성도 있다.

사죄를 하는 속도는 정말 미안하다는 마음이 얼마나 강한지와 비례한다. 상대방도 '우리를 제일 우선으로 생각해서 달려와줬구나'라고 느끼고 피해를 입어서 생긴 분노가 누그러지는 경향이 있다. 사죄 속도는 실수나 트러블 내용이 심각하면 할수록 중요하므로 **당장 직접 보고 사과하고 싶다는 의사**를 전달할 것.

만약 상대방이 만나고 싶지도 않을 정도로 화가 났거나 거리가 멀어서 바로 갈 수 없거나 '군이 와 봤자 민폐'라고 말했다면, 정중한 사과문을 편지나 메일로 써서 성의를 나타내자. 경우에 따라서는 직속 상사의 이름으로 쓴 글을 같이 보내기도 하면서 말이다. 이때 **'원래는 직접 찾아뵙고 사과를 드려야 하는데, 실례를 무릅쓰고 먼저 메일로 죄송하다는 말씀드립니다'**라는 문장을 넣자. 사죄를 할 때는 이렇게 스피드가 느껴지는 꼼꼼한 대응이 필요하다.

바 꾸 어 **101** 말 하 기

 무심코 꺼낸 한마디

이런 일이 생길 거라고 예상 못 했습니다

크게 중요성을 파악하지 못하고 있었습니다

◎ 호감을 주는 한마디

트러블의 책임이 자신에게 있을 때,
'그럴 생각은 없었다'는 통하지 않는다

대기업 광고가 부적절한 표현을 썼다는 이유로 대중에게 비난을 받아 방송 정지 처리가 된 적이 있다. 그렇게까지 대대적인 트러블이 아니더라도 우리의 일상에는 좋은 마음으로 한 일이 예기치 못한 사고를 일으켜 사죄해야 하는 순간이 있다. 그럴 때 당신은 어떤 식으로 대처해야 할까?

'이렇게 오해가 생길 거라고는 생각 못 했어요', '설마 트러블이 일어날 거라곤 예상 못 했어요'라며 자신의 마음을 솔직하게 전달할 수도 있다. 그러나 트러블의 원인이 자신에게 있는 한, 사죄는 피할 수 없다. 자신은 틀리지 않았다고 생각한 일이 트러블을 일으켰을 때 '그럴 생각은 없었다'라고 변명하고 싶어도 누군가에게 폐를 끼쳤으니 결국 본인이 사과해야 한다.

이럴 때는 **'크게 중요성을 파악하지 못하고 있었습니다. 제 인식이 안일해서 관계자 여러분께 폐를 끼쳐드려 정말 죄송합니다'**라며 자신의 잘못을 인정하고 솔직하게 사과하는 것이 가장 좋다.

그리고 또 같은 실수를 반복하지 않기 위해 어떻게 해야 좋은지 개선책을 생각해서 관계자들에게 보고하면 실패의 경험을 미래에 살릴 수 있다.

해야 할 일을 하나하나 대처하면 실패가 신뢰로 이어질 수도 있는 것이다.

제 12 장

SNS와 메일

공적으로든 사적으로든 메일이나 SNS로 연락을 주고받는 일은 이제 당연해졌다. 그러나 생각지도 못한 함정이 있으니 주의가 필요하다. 메일이나 SNS로 연락하면 직접 만나서 대화하는 것보다 정보량이 적어지기 때문에 오해가 생기기 쉽다.

특히 사죄를 해야 하는 등 말하기가 껄끄러운 상황이나 부정적인 내용을 전달해야 할 때 메일이나 SNS로 연락을 끝내려고 했다가는 성의가 전해지지 않은 채 트러블을 불러일으키는 원인이 되기도 한다. 뭐든지 안이하게 메일이나 SNS로 보내다가 더 큰 문제가 발생할 수도 있다.

트러블이 생겼을 경우에는 직접 얘기할 것. '○○하지 마세요'라는 등 부정적인 말은 쓰지 말고, '○○해 주세요'라는 긍정형으로 쓸 것. '가능하면 이번 주까지 답변 주시기 바랍니다'라는 식의 어정쩡한 표현으로 상대방에게 답변을 맡기지 말고, '○○까지 답변 부탁드립니다. 어려우면 연락 주세요'라고 바람과 그 뒤의 일까지 생각해서 전달할 것. 이 세 가지를 주의하자. 그리고 무슨 일이 있어도 타인을 비판하거나 좋지 않은 말을 쓰지 않는 것이 중요하다.

바 꾸 어 **102** 말 하 기

❌ **무심코 꺼낸** 한마디

전에도 말씀드렸지만

설명을 더 잘해 드렸어야 했는데 실례했습니다

◎ **호감을 주는** 한마디

이전에 말했던 내용을 상대방이 기억하고 있으리란 법은 없다 모르는 것이 있어서 메일로 문의를 했을 때, 답변 초반에 **'전에도 말씀드렸지만'**이라는 문장이 들어 있어서 화가 난 적이 있는 분들이 적지 않을 것이다. '전에도 말씀드렸지만'이라는 말에서 '그때 말했잖아. 몰랐어? 확인 안 했어?'라는 무언의 압력이 느껴지기 때문이다.

그 건에 대해 메일을 자주 주고받는 것도 아니라면 갑자기 '지난번 일'이나 '저번에'라고 해 봤자 **바로 생각이 나지 않을** 때도 있다. 그러면 '얼마 전'이나 '지난번'을 확인하기 위해 이력을 거슬러 올라갈 필요가 생긴다. 그 일에 시간과 노력을 들이다 보면 짜증이 밀려온다.

문의하는 상대에게 실례되지 않도록 답변을 하려면, 일부러 자신을 낮춰서 **'제가 설명을 더 잘해 드렸어야 하는데 실례했습니다'**라는 말을 붙일 것. 또한 지난번에 얘기했다고 해서 생략하지 말고, 자세한 내용을 다시 보내거나 간결하게 정리해서 보내는 등 그 메일만 봐도 모든 것을 이해할 수 있도록 배려하자. 다시 보낼 때는 '○월 ○일 메일로 보내드린 내용을 다시 보내드립니다'라고 덧붙이면 알기도 쉽고 자신의 실수가 아니라는 것도 은근슬쩍 어필할 수 있다.

타인이 자신처럼 곧바로 일을 이해할 수 있을 거라는 생각은 하지 말 것. 그런 생각을 기본으로 상대방이 곤란하지 않게 배려하면 더 배려심 있고 친절한 대응을 할 수 있게 될 것이다.

바 꾸 어 **103** 말 하 기

(×) **무심코 꺼낸** 한마디

조만간 연락드리겠습니다

↓

이번 주 금요일까지 연락드리겠습니다

◎ **호감을 주는** 한마디

스케줄을 어림잡아 표현하는 것만큼
상대방에게 폐가 되는 것도 없다

스케줄이나 숫자에 관해 두루뭉술한 표현을 쓰면, 거의 백이면 백 상대방에게 폐를 끼치고 트러블의 원인이 되기 쉽다.

업무 때문에 연락을 주고받다가 '조만간 답변드리겠습니다', '다시 연락드리겠습니다', '검토해 보겠습니다'라는 문장이 쓰인 메일을 받아 본 적은 누구나 있을 것이다. 그런 메일이 오면 **'조만간이 언제야?', '다시 언제?'**라며 어중간하게 붕 뜬 상황 때문에 신경이 쓰여서 다른 업무까지 마비되는 경우도 있다. 이렇게 어중간한 표현은 그만큼 상대에게 스트레스를 주고 폐를 끼친다는 사실을 깨닫지 못하는 사람이 많다.

메일에 자주 쓰는 '이번 주 중에'라는 표현도 금요일인지 토요일인지 일요일인지 **사람에 따라 해석이 다르다.** 따라서 '이번 주 금요일까지 연락하겠습니다'라고 구체적으로 표기하지 않으면 서로 오해가 생긴다. 마찬가지로 '오늘 중에'도 근무 시간이 끝나는 오후 6시까지인지, 그날이 끝나는 밤 12시까지인지에 따라 6시간이나 차이가 생긴다. 지금은 온라인으로 언제든 연락이 가능하기 때문에 주의가 필요하다.

그만큼 오해를 부르기 쉬운 표현이니 특히 메일이나 SNS로 용건을 말할 때는 자신의 예정을 모두 숫자로 구체화해야 트러블을 막을 수 있다. 마지막에는 '이 일정 문제없으신가요?'라고 확인해서 상대방의 합의를 얻어내도록 하자.

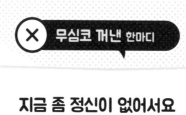

❌ **무심코 꺼낸** 한마디

지금 좀 정신이 없어서요

◎ **호감을 주는** 한마디

답변이 늦어 죄송합니다

자신이 바쁘다는 것을 어필해 봤자 자기 손해다

연락이나 답변이 늦어졌을 때 일이 바쁜 것을 강조해서 '지금 좀 정신이 없어서요', '지금 다른 일이 있어서 그 건에 대해서는 나중에 연락드릴게요'라며 변명하는 사람이 있다.

이런 말을 들으면 '자기만 바쁜가?', '바쁘다고 내 일은 뒷전으로 돌리겠다는 거야?'라는 생각이 들지 않나? '정신이 없다'라는 표현은 매우 침착성이 없고 똑 부러지지 않은 사람이라는 인상을 준다.

'지금 다른 일을 하고 있어서'라는 표현도 마찬가지로 '자신이 바쁜 상황이라는 걸 아무리 강조해 봤자 상대방은 상관없는 일이다. 자신의 행동을 정당화할 생각이라면 오히려 역효과다.

한편 바빠서 답변이 늦어졌다고 해도 **'제 불찰로 답변이 늦어져 죄송합니다'**라며 바쁘다는 핑계를 대지 않고 **순순히 사죄**하는 사람은 성실한 인상을 준다. 조금 기다려달라고 말할 때도 '시간이 조금 필요할 것 같은데, 이 건에 대해서는 금요일까지 답변드리겠습니다'라는 식으로 **구체적인 예정**을 얘기하면 상대방도 수락하기가 쉬워진다.

바쁘다는 핑계를 대는 사람은 '다른 일을 우선으로 하고 있어서 당신 일은 뒤로 미뤘습니다'라고 말하는 것이나 마찬가지다. 이는 **마이너스 어필** 그 이상도 이하도 아니다. 상대방에 대한 배려가 부족하다는 것을 상징하는 표현이므로 그렇게 말하지 않는 습관을 들이도록 하자.

 무심코 꺼낸 한마디

답변은 주말 지나고 주셔도 됩니다

답변은 다음주 화요일까지 부탁드립니다

◎ 호감을 주는 한마디

답변 기한은 '주말 지나서'로 설정하지 않는 것이 좋다

사회인들이 가장 바쁜 날은 일주일을 마무리하는 금요일과 그다음 일주일이 시작하는 월요일이다. 그 때문에 연락하는 빈도도 필연적으로 늘어나는 게 이 두 날인데, 무신경한 사람은 **금요일에 '주말 지나서 자료 보내 주세요'**라는 식으로 메일을 보내는 경우가 자주 있다. '주말 지나서'라는 것은 사회에서는 '월요일'을 뜻한다.

이렇게 의뢰하는 사람은 오늘이 아니라 '휴일을 끼고 천천히 답변 주시면 됩니다'라는 뜻으로 말했겠지만, 의뢰를 받은 쪽은 **'주말에도 일을 하라는 거야?'**라며 기분이 나빠진다.

여름휴가나 연말연시 전에도 마찬가지로 상대방을 배려한다며 '납품은 연휴 끝나고 하셔도 됩니다'라는 식으로 장기 휴일 전에 일을 의뢰하는 사람은 자신의 사정만 생각하기 때문에 상대방에게 나쁜 인상을 줄 수 있다. 정말 급한 안건이 아니라면 휴일을 보태서 유예 기간을 제시하는 것이 좋다.

그러한 리스크를 피하려면 휴일을 포함하지 말고 **'이 물품을 다음 주 수요일 이내에 납품해 주실 수 있을까요?'**라는 식으로 정확한 날짜를 언급하여 의뢰하는 것이 좋다.

그리고 마지막으로 **'어려우시면 말씀해 주세요'**라는 한마디를 덧붙이면 배려심이 느껴진다. 그러면 상대방도 '이분과는 앞으로도 일을 계속하고 싶다'라는 생각에 기분 좋게 일을 수락할 수 있다.

바 꾸 어 **106** 말 하 기

이해가 되셨나요?

궁금한 게 있으시면 무엇이든 여쭤 주세요

◎ 호감을 주는 한마디

'이해가 되셨나요?'는 상대를 낮잡아보는 표현

상대방에게 질문이나 확인 사항에 대한 답변을 메일로 보낼 때, '이해가 되셨나요?'라는 표현을 같이 쓴 적은 없는가?

특히 상대방이 모르는 내용이나 곤란해 하는 것에 대해 답변을 했을 때, 이 말은 '이제 이해하셨나요?'라며 상대방을 낮잡아보는 듯한 말로 들려 매우 실례가 되기 때문에 그 말을 들은 사람은 큰 불쾌감을 느낄 것이다. 또한 이해를 했는지 못했는지 묻는 것은 29 페이지에서도 설명한 것처럼 '예스'나 '노'라는 답으로만 대답할 수 있다. 이런 '닫힌 질문'은 상대방에게 일방적으로 마이너스 이미지를 주게 된다.

이럴 때는 **'혹시 저희 설명에 모자란 부분이 있으면 언제든지 연락 주세요'**라는 한마디가 호감을 준다. 이렇게 바꿔서 말하면 '모르는 부분이 있으면 또 물어봐야겠다'라는 생각이 들기 때문에 상대방은 안심하게 된다. 또한 '저희 설명에 모자란 부분'이라는 말을 덧붙이면 존중해 준다는 느낌이 들기 때문에 상대방도 기분 좋게 소통할 수 있다.

그 후에 '덕분에 잘 이해했어요'라는 메일이 온다면, **'정말 다행이네요', '도움이 되어 기쁩니다'**라고 답변하도록 하자. 업무와 관련하여 메일이나 SNS로 소통할 때는 서로가 같은 생각을 갖고 있는지 반복하여 확인하는 것이 중요하다.

바 꾸 어 **107** 말 하 기

(✕) **무심코 꺼낸** 한마디

다음에 참고하시라고 말씀드릴게요

(◎) **호감을 주는** 한마디

혹시 참고가 되실까 봐 말씀드릴게요

'다음에'라는 말은 불쾌하게 들린다

다음에 할 업무를 수월하게 진행하기 위해 상대방이 모르는 내용을 꼭 설명해야 할 때가 있다. 남에게 가르쳐주는 입장이 되면 아무래도 아래로 보기가 쉽기 때문에 말을 신중하게 골라서 써야 한다.

'다음에 참고하시라고 말씀드릴게요'라는 말에는 상대를 낮잡아보며 위협하는 듯한 뉘앙스가 있다. 이 말에는 '다음에 당신이 일을 제대로 하려면 지금 하는 설명을 잘 들어'라는 강요와 압력이 들어 있어 가시가 있는 것처럼 느껴지는 것이다.

회사의 독자적인 시스템이나 업무 진행 방식 등, 상대방이 충분히 이해해야 업무에 지장을 주지 않는다고 생각한다면, **'혹시 참고가 되실까 봐 말씀드릴게요'**라며 **앞의 전제를 부드러운 말로 바꾸면** 말에 가시가 느껴지지 않는다.

그 후에 '저희는 이런 도구를 활용해서 업무를 진행합니다', '거래 시 대금은 이런 방식으로 설정해서 진행합니다'라고 설명하고 나서 '이 점에 대해 이해해 주시고 협력해 주시길 부탁드립니다'라고 정중하게 써서 메일로 보내면 겸손한 자세가 전해진다. 그러면 상대방도 존중받는다는 느낌이 들어 '그렇구나. 알았어'라며 수긍하기 쉬워진다. 상대방을 높여주는 겸손한 자세를 잊지 말도록 하자.

바 꾸 어 **108** 말 하 기

 무심코 꺼낸 한마디

불쑥 메일을 드려 대단히 죄송합니다

불쑥 메일을 드려 실례합니다

◎ 호감을 주는 한마디

처음에 보내는 메일이라고 해서 과도하게 낮출 필요는 없다

처음 메일을 보내는 상대에게 필요 이상으로 공손하게 사죄의 말을 늘어놓는 사람이 있다. '불쑥 메일을 드려 정말 죄송합니다', '실례를 무릅쓰고 이렇게 불쑥 메일을 드리게 됐습니다'라는 식의 문장이다.

하지만 일에 관한 용건으로 처음 연락하는 것은 나쁜 일이 아니다. 오히려 신규 사업 의뢰를 받는 사람 입장에서는 '뭐지?'라며 흥미를 가질 만한 일인 것이다.

그렇기 때문에 **과도하게 낮은 자세로 겸손을 보이거나 자신을 비하까지 할 필요는 전혀 없다.** 오히려 역효과가 되어 불편한 마음에 적극적으로 나서지 못할 가능성도 있다.

물론 이른 아침이나 밤늦은 시간에 처음으로 연락을 하면, '이런 시간에 무슨 일이지?'라며 경계할 수도 있으니 '밤늦게 갑자기 메일을 드려 죄송합니다'라고 인사하는 것은 예의다. 그러나 기본적으로는 '불쑥 메일을 드려 실례합니다'라는 전제만 둬도 문제없을 것이다.

반대 입장에서 의뢰를 받은 내용을 거절해야 할 때, 자신의 회사가 마치 큰 잘못이라도 한 듯 장문의 메일을 보내어 구구절절 합리화하는 경우가 있다. 예의를 갖추는 것도 좋지만 너무 지나치면 '진심으로 저렇게까지 생각할까?'라며 오히려 상대방에게 거부감을 주니, **상대의 제안에 대해 어떤 점에서 적합하지 않아 거절한다는 명확한 의사만 전달**하도록 하자.

염두에 두세요

양해 부탁드립니다

호감을 주는 한마디

'염두에 두세요'에는 고압적인 뉘앙스가 담겨있다

거래처에 보내는 비즈니스 메일에서 용건을 적은 후에 **'이 점 염두에 두세요'**라고 쓰면 상대방에게 **무척 실례**가 된다. 이 말에는 '메일을 보낸 내용은 미리 이해해 주세요', '제가 말한 내용을 이해한 다음에 앞으로 대응해 주세요'라며 일방적으로 강요를 하는 고압적인 뉘앙스가 담겨 있기 때문이다.

한 예를 들자면, '저희 사정 때문에 세미나 일정을 일부 변경하게 된 점 미리 염두에 두세요', '여름휴가인 관계로 ○월 ○일까지 답변을 드릴 수 없으니 미리 염두에 두세요'라는 식의 문장들이다. 이러한 메일을 자신보다 입장이 높은 사람이나 고객이 받으면 '휴가는 그쪽 사정인데 이렇게 세게 나오면……' 하고 짜증이 나는 법이다.

어떤 상대에 대해서도 실례가 없도록 이해를 바라는 경우에는 **정중한 자세**를 의식하자.

예를 들어 '저희 쪽 사정이 그러하지만 모쪼록 양해 부탁드립니다', '미리 알아주시면 감사하겠습니다'라는 식으로 쓰면 좋을 것이다.

부탁하는 입장이 자세를 낮추고 상대방을 높이는 것은 당연하다. 비즈니스용 메일에서도 정중한 표현을 쓰도록 명심하자.

바 꾸 어 **110** 말 하 기

무심코 꺼낸 한마디

몸조리 잘하세요

건강하게 보내세요

◎ 호감을 주는 한마디

끝맺음은 긍정적인 말로 해서 뒷맛이 좋게 끝나도록

보낸 메일을 상대방이 기분 좋게 읽으려면 **부정적인 표현을 되도록 사용하지 않은 문장**으로 쓰는 것이 중요하다.

예로부터 말에는 영혼이 깃들어 있다고 생각하기 때문에, 문장도 긍정적으로 써야 상대방에게 좋은 인상을 줄 수 있다.

그러나 본격적인 겨울이 찾아오면 '혹독한 추위 속에서 감기에 걸리지 않도록 부디 몸조리 잘하십시오'라고 쓰고, 더운 계절에는 '무더위 속에서 지쳐 쓰러지지 않도록 조심하세요'라는 등과 같이 맺음말을 쓰는 사람이 있다.

아무런 병에 걸리지도 않은 건강한 사람 입장에서 보면 굳이 부정적인 걱정을 하는 것 같아 기분이 좋지 않다. 실제로 몸이 좋지 않은 사람 입장에서는 기분이 더 어두워질 수도 있다. '행복하세요'라고 하면 됐지, 굳이 '불행해지지 마세요'라고는 하지 않는다. **'갑자기 쌀쌀해졌네요. 부디 건강하게 보내시기 바랍니다'**라는 맺음말은 배려심이 느껴지는 긍정적인 말이라 상대방도 기분 좋게 읽고 끝낼 수 있다. 일부러 건강 얘기를 하지 않더라도 **'다시 만나 뵐 날을 기다리고 있겠습니다'**라고 마쳐도 읽은 사람은 기분 좋게 느낄 것이다.

메일에 쓰는 문장이라도 읽은 후에 느낄 감정을 중요하게 생각하도록 하자.

제 13 장

부정적인 의견

타인의 일이나 언행에 대해 '부정적인 의견'을 전하고 싶을 때, 상대방에게 상처를 주지 않고 잘 말하려면 어떻게 해야 할까? 무심결에 비난하는 듯한 말이 튀어나오지 않은가?

이런 고민은 사회 경험이 많을수록 늘어난다. 무심코 심한 말을 내뱉으면 상대방에게 상처를 주거나 화를 돋울 수 있기 때문에 트러블이 생기기 쉽다. 상대를 불쾌하게 만들지 않으면서 부정적인 의견이라도 하고 싶은 말을 전달하여 이해를 얻으려면 노력이 필요하다. 그럴 때는 상대방을 '좋은가/나쁜가', '옳은가/그른가'로 일방적으로 판단하여 낮잡아보며 평가하지 않아야 한다는 것을 꼭 기억했으면 한다.

사람은 누구나 자신을 받아들이길 원하고 인정받고 싶은 '승인 욕구'를 갖고 있으니 먼저 상대방의 말을 받아들이자. 그리고 '그렇게 생각했군요'라며 인정한 후에 자신의 의견을 말하는 것이다. 그런 자세를 보이면 아무리 부정적인 의견이라 할지라도 순순히 들어 줄 가능성이 높아진다.

바 꾸 어 **111** 말 하 기

 ✕ **무심코 꺼낸** 한마디

넌 아직 잘 못하겠지만

 ↓

해 보고 모르는 게 있으면 물어봐

◎ **호감을 주는** 한마디

처음부터 '안 된다'고 못을 박으면 의욕 상실

신입사원이나 경력직으로 입사한 사원에게 일을 가르칠 때, **'모를 텐데'**, **'안 되겠지만'**, **'잘 못하겠지만'**이라며 굳이 전제를 덧붙이면 압박을 주게 된다.

새로운 일을 배울 때 못하거나 모르는 일이 있는 것은 당연하다. 부담감을 낮춰주고 싶다는 마음에서 나온 말일지도 모르겠지만, 굳이 그런 말을 하지 않아도 본인이 가장 잘 알고 있다. 그래서 '처음부터 못할 거라고 못을 박을 거면 안 시키면 되잖아!'라며 화를 내는 사람도 있을 수 있다.

일을 이제 막 배우기 시작한 부하나 후배를 생각해 준다면 **'해 보고 모르는 게 있으면 물어봐'**, **'안 되는 게 있을지도 모르니까'**라고 말해서 언제든지 도와줄 자세가 되어 있다는 것을 알려주면 본인도 안심하고 일에 매진할 수 있다.

아직 경험이 적은 사람에게 어려운 일을 맡기고 싶을 때도 '이건 지금까지 경험한 적이 없는 일일 텐데, 넌 할 수 있으니까 꼭 열심히 하길 바라. 모르는 게 있으면 언제든지 도와줄 테니까'라고 말하면 '좋아, 그럼 도전해 보자'라며 긍정적으로 받아들이기가 쉬워진다.

다소 걱정이나 불안이 있는 경우라도 **'부정적'**이 아닌 **'긍정적'**인 **말을 건네면**, 상대방이 의욕을 상실할 일은 일단 없을 것이다.

그 생각은 잘못됐어

나는 이런 식으로 생각해

◎ 호감을 주는 한마디

상대방의 의견을 무조건 부정해 봤자 아무런 이득이 없다 대화는 캐치볼과 똑같다. '그렇게 던지면 어떻게 받아', '그건 아니 잖아'라며 상대방에게서 날아 온 공을 막무가내로 튕겨낸다면 누구든 좋은 감정을 가질리 없다. 상대방이 한 얘기를 '그거 잘못됐어'라며 **완전히 부정**하는 것도 딱 그 패턴이다. 비록 상대방이 하는 말이 잘못되었다고 느낀다 하더라도, 날아온 공(말)은 일단 받는 것이 대화를 잘 하는 사람의 요령이다.

어떤 사람이든 어느 정도의 '승인 욕구'를 갖고 있다. 이야기를 들어주기만 해도 만족하는 사람이 많다. 이야기를 들어주어서 만족한 사람은 비록 다른 의견을 듣더라도 귀를 기울이려고 한다. 따라서 **너는 그렇게 생각하는구나**', '**아하, 그런 식으로 생각하는구나**'라며 우선 상대의 말을 캐치할 것. 그 후에 '**나는 이렇게 생각하는데**'라며 자신의 변화구를 던져보는 것이다.

'그렇게 말은 해도 내 생각이 맞을걸', '생각이 다르니까 아무리 얘기해도 소용없어'라며 들으려 하지 않고 자기주장만 펼치면 거기서 캐치볼은 끝이 난다.

아무리 의견이 달라도 'I'm OK, you are OK'(=나도 옳고 너도 옳다)라는 자세를 갖고 상대의 의견을 존중하면서 자신의 의견을 전달하자. 그러면 대화를 즐길 수 있게 될 것이다.

 **무심코 꺼낸** 한마디

> 그 나이 돼서 ○○도 못하니?

> ○○는 이렇게 하면 좋겠어

◎ **호감을 주는** 한마디

나이나 성별을 이유로 드는 것은 갑질이 될 가능성이 크다 자신의 부하가 해야 할 일을 하지 않거나 할 수 있을 거라고 생각했는데 못했을 경우, **그 사람의 속성을 끌어들여서 못된 말을 하는 사람**이 있다.

　'그 나이 돼서 OO도 못하니?', '이제 30대니까 이 정도 일은 바로바로 처리해야지'라는 식으로 나이를 끌어들이는 말. '애 엄마한테는 맡길 수 없겠어', '사내자식이 끈기가 없어'라는 등의 성차별은 큰 문제가 될 가능성이 높은 말이다.

　'이제 베테랑이잖아', '이제 어른이잖아'도 마찬가지로, 베테랑이든 어른이든 할 수 있는 것과 없는 것은 사람에 따라 천차만별이다. 그러니 자신의 치우친 가치관으로 상대를 평가하거나 차별하는 것은 큰 문제다. 이런 사례는 무의식중에 타인에게 말로 상처를 주는 사람들의 특징이기도 하다.

　집중하라고 주의를 주고 싶다면 **'집중하자'**, 일에 속도를 내 줬으면 할 때는 **'이 일은 내일까지 끝냈으면 하니까 문제가 있으면 얘기하세요'**라며 **용건만 전달하면 된다.**

　못미더운 부하가 책임감을 더 갖고 일하길 바란다면, '일에 책임을 갖고 하길 바랍니다'라는 등 의식을 깨치도록 말하자. 치우친 생각이나 가치관을 강요하는 것은 오히려 역효과를 낼 수 있으니 조심해야 한다.

✕ **무심코 꺼낸** 한마디

역시 안 되는구나

↓

열심히 했는데 아쉽게 됐네

◎ **호감을 주는** 한마디

'역시 안 되는구나'는 너무나 차갑고 잔혹한 말

타인을 부정하는 것이 몸에 밴 사람은 무의식중에 상대방에게 상처 주는 말이 툭툭 튀어나온다. '역시 안 되는구나', '이렇게 될 줄 알았어', '그럴 것 같더라'라는 말도 그런 전형적인 예이다.

이는 상대방에게 '원래부터 못할 것'이라고 부정적 평가를 했던 마음이 그대로 드러나는 실례의 말이다. 그 말을 들은 사람은 안 그래도 결과가 좋지 않아 풀이 죽은 상태에서 상처를 후벼 파는 듯한 고통을 느낄 것이다. '역시 난 안 되는 인간이야'라는 꼬리표를 다는 것만큼 충격적인 것도 없다. 기대에 부응하고 싶다는 생각에 열심히 한 사람일수록 타격을 더 크게 입는다.

호감을 주는 사람은 '열심히 했는데 아쉽게 됐네'라며 **상대방의 노력을 치하한 후에 자신의 마음을 전한다.**

좋은 결과가 나왔을 때 '역시 합격할 줄 알았어'라고 칭찬의 뜻으로 말하는 사람이 있는데, '역시'에는 '생각한 대로'라는 뜻 외에도 '아니나 다를까' 자신이 예상한 대로 되어 자신의 말이 맞았다는 것을 과장하는 표현이기도 하기 때문에 불쾌하게 받아들일 가능성도 있다.

만약 열심히 했다는 것을 칭찬한다면, **'공부 정말 열심히 했는데 합격하다니 잘됐다'**라며 결과에 대한 마음을 전달해야 상대방의 마음에 와닿을 것이다.

바 꾸 어 **115** 말 하 기

그런 걸로 고민하지 마

무슨 이유로 고민하는 거야?

◎ 호감을 주는 한마디

타인의 고민을 '그런 것'이라고 단정 짓지 말자

남의 고민이 어느 정도 심한지는 당사자만 알 수 있다. 옆에서 보면 별일 아닌 것 같은 고민일지라도 본인에게는 심각해서 밤에도 잠들지 못할 정도로 정신이 피폐해지는 문제가 있을지도 모른다.

그런데 **'그런 것'이라며 대수롭지 않은 일로 여기는 것은 이기적**이며, 상대에게는 오지랖이다. 게다가 '그런 걸로 고민하는 거야?', '그런 걸 신경 썼어?' 등 나무라기라도 하면 괜히 추궁을 당하는 것 같아 '이런 사람한테 고민을 털어놓지 말걸'이라고 생각할 것이다.

자신과는 무관하다고 생각하는 일일지라도 상대방에게 그런 태도를 보여주면 안 된다. 만약 상대방이 무엇을 그렇게 고민하는지 모르겠다면, **'무슨 이유로 고민하는 거야?'**라고 물어보기 바란다.

친구와 싸워서 풀이 죽은 사람이라면 '마음에 없는 말을 해서 사과하고 싶어'라며 고민의 본질을 털어놓을지도 모른다. 그런 이야기를 해 준다면 '그렇구나. 사과하고 싶구나'라며 그 마음을 받아주면 된다. 상대방에게도 '어떻게 사과할까?'라며 다음 단계를 생각하는 계기가 될 수도 있다.

일, 연애, 가정 등 고민거리는 그게 무엇이든 당사자에게 심각한 문제다. **'단정 짓지 않기, 가볍게 보지 않기'**를 지켜서 상대방을 대하도록 하자.

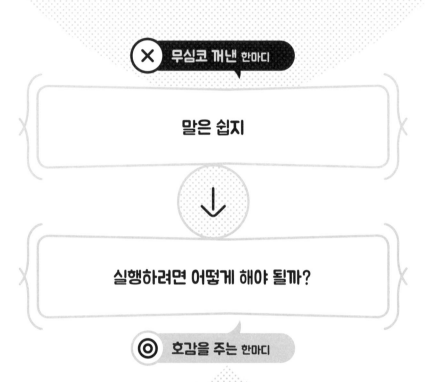

바 꾸 어 **116** 말 하 기

❌ **무심코 꺼낸** 한마디

말은 쉽지

↓

실행하려면 어떻게 해야 될까?

◎ **호감을 주는** 한마디

말로 압박이나 타격을 주지 말 것

꿈이나 목표, 하고 싶은 일에 대해 얘기했더니, 그 말을 들은 사람이 '말은 쉽지'라고 툭 내뱉는다면 어떤 마음이 드는가? 모처럼 의욕을 불태우고 있는데 찬물을 맞고 자신감이 뚝 떨어지지 않을까?

'말은 쉽고 행동은 어렵다'라는 말이 있듯이, 행동으로 옮기는 게 어렵다는 것은 본인이 가장 잘 아는 사실이다. 일부러 타인이 괜한 압력을 가할 필요는 없다. 사람에 따라서는 '말만 하고 어차피 실행에 옮기지 못하지?'라는 뜻으로 받아들여서 질 나쁜 잘난 척으로 생각할 가능성도 있으며, 시비를 거는 듯한 느낌이 들 수도 있다.

상대방을 응원하고 싶다면, **'하겠다고 마음먹었으니까 이제 실행만 하면 되겠다!'**라든가 **'좋아. 실행하려면 어떻게 해야 될까?'**라며 긍정적으로 말을 걸면 좋다.

'이렇게 힘든 일이 있었으니까 어떻게든 해야겠어'라며 부정적인 일을 겪은 후에 열심히 일어서려는 사람의 경우, '힘들겠다. 그래도 네가 뿌린 씨앗이잖아'라며 자업자득이라는 식의 말을 내뱉는 것은 더 심한 대응이다.

이 경우에도 **'해결하려면 어떻게 해야 좋을지 생각해 보자'**라며 긍정적인 말을 하지 않으면 점점 상대방은 상처를 입게 되고 인간관계에 금이 갈 수도 있다. 상대방의 의욕을 방해하는 언행은 삼가도록 하자.

 **무심코 꺼낸** 한마디

보기와 달리 대단하구나

↓

그걸 할 수 있다니, 대단하구나

 호감을 주는 한마디

일이나 인간관계에 '보기'를 갖고 오지 말라

겉으로 보이는 인상으로 상대방을 '이런 사람이겠지' 하고 쉽게 단정 짓는 사람은 의외의 면이나 생각지 못한 행동을 봤을 때, **'보기와 달리 대단하구나'**라고 말할 때가 있다. 예를 들어 얌전하고 묵묵히 일을 해내는 후배를 '보기와 달리 일을 잘해요'라며 거래처에 소개하거나 요리를 안 하는 것처럼 보이는 사람이 도시락을 싸 오면 '보기와 달리 가정적이구나'라고 말하기도 한다.

이는 원래 부정적인 이미지였던 것이 긍정적으로 바뀐 것을 뜻하는 칭찬이기 때문에 상대방은 순순히 기뻐할 수 없다.

또한 보기에는 좋게 생각해 왔던 것이 이미지랑 다르면 마이너스 평가가 되어 '보기와 달리 숫자에 약하구나', '보기와 달리 잘 다운되는구나'라는 등 나쁘게 말하는 케이스가 가장 최악이다. 이는 생각했던 것 이상으로 못한다며 상대방을 부정하는 말이다. 상대에게 상처를 주는 표현이므로 되풀이되면 관계를 해칠 수도 있다.

자신만의 착각으로 사람을 판단하고 그 생각을 기준으로 평가하지 말자. 치우친 가치관은 상대를 불쾌하게 만든다. 긍정적인 인상을 받았다면 **'그걸 할 수 있다니 대단하구나'**, **'우수하구나'**, **'가정적이구나'**라며 **긍정적인 감상만을 그대로 전하는 것**이 가장 좋다. 부정적인 인상을 일부러 말해 봤자 좋을 일은 하나도 없다.

제 14 장

육아

카운슬러 일을 하다 보면 육아에 관한 상담을 받는 일도 적지 않다. 열의가 강한 부모일수록 '지켜보기'와 '기다리기'가 어려워서 무심코 한 발 앞서 아이에게 지시를 내리는 일도 많을 것이다. 너무 걱정한 나머지 아이가 실패하지 않도록 미리 말을 하고 싶어지는 기분은 이해가 간다.

그러나 아이의 신상에 위험이 미치는 일은 제외하고 실패에서 배우는 것도 많기 때문에 작은 실패를 반복했을 때 성장으로 이어지기도 한다. 따라서 한발 먼저 말하는 것이 아니라 실패를 하더라도 뒷받침할 수 있는 태세를 갖춰 두는 것이 중요하다.

아이는 어른의 소유물이 아니다. 부모와 자식 관계라고는 하지만 아이는 또다른 '인간'이다. 부모의 가치관을 일방적으로 강요하지 말 것. 그리고 '부모를 위해서'가 아니라 '아이 자신이 자신을 위해서' 해야 할 일을 조금씩 늘리게 해 줄 것. 부모도 아이도 함께 성장할 수 있으면 좋겠다.

바 꾸 어 **118** 말 하 기

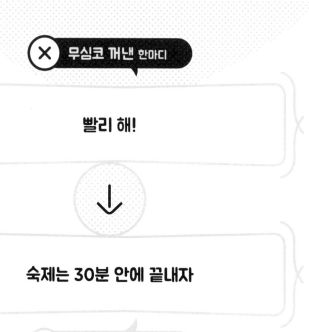

❌ **무심코 꺼낸** 한마디

빨리 해!

↓

숙제는 30분 안에 끝내자

◎ **호감을 주는** 한마디

'○○해'는 아이의 자주성을 저해하는 좋지 않은 말

나갈 준비를 할 때나 밖에 나가서 아이가 칭얼대며 말을 듣지 않을 때, '빨리 해!', '빨리 빨리!', '빨리 안 하면 두고 간다!'라며 부추기는 부모들이 있다. 꾸물대는 아이에게 짜증이 나서 무심코 화풀이를 하는 것인데, '빨리 해'는 **아이의 자주성을 저해하는 좋지 않은** 말 중 하나다. 그렇게 급하다면 먼저 부모가 앞뒤를 생각해서 여유를 갖고 행동하고, 아이 스스로 못하는 것은 도와주는 것이 필요한 때도 있다.

서두를 필요는 없지만 더 빨리 행동하길 바란다면, '숙제는 30분 안에 끝내자', '7시 30분까지 옷 갈아입자'라는 식으로 시간을 구체적으로 지시해서 **'같이 ○○하자'**라고 말을 하면 좋다.

어른이 어려움 없이 할 수 있는 일도 아이는 못할 때가 많다. 성장이나 이해도에 따른 개인차가 있다. 느긋한 사람도 있고 성미가 급한 사람도 있는 등 성격도 천차만별이니 같은 일을 할 수 있는 아이도 있고 없는 아이도 있는 게 당연하다.

그런데 못한다고 해서 마치 나쁘다는 식으로 재촉하거나 화를 내면 아이는 점점 의욕을 잃는다. 아이가 할 수 있는 일을 하나씩 인정하면서 **할 수 있는 수준의 일을 구체적으로 지시하면** 행동을 더 잘 이끌어 줄 수 있게 될 것이다.

바 꾸 어 **119** 말 하 기

장난감은 안 돼!

장난감은 생일에 사자

◎ 호감을 주는 한마디

'안 돼'라고 금지할수록 아이의 자기긍정감이 낮아진다

부모에게 한창 어리광을 피우고 싶을 나이의 어린 아이들은 자신의 욕구를 이루기 위해 떼를 쓰거나 억지를 부릴 때가 있다. 특히 미취학 아동부터 초등학교 저학년까지는 '저거 사고 싶어', '이거 하고 싶어'라며 생각을 그대로 내뱉기 때문에 '안 돼, 안 돼!'라며 무조건 부정하는 부모도 있다.

　물론 아이나 주위에 있는 사람이 위험하다고 느꼈을 때, '그쪽은 위험하니까 안 돼!'라며 주의를 주는 것은 문제가 없다. 그러나 무슨 언행을 할 때마다 무조건 '안 돼'라며 강하게 잘라서 말하면, '나는 안 되는구나'라는 생각을 하게 되어 자신감을 잃고 **자기긍정감이 낮은 인간**으로 자라난다.

　아이의 자존심이 상하지 않도록 '노(No)'를 수긍하게 만들려면 **미리 '규칙'을 정해 놓아야** 수월하게 흘러간다. 예를 들어 '장난감은 생일날과 크리스마스에만 사기'라고 정해 놓으면, 다른 날에 '사 줘!'라고 떼를 써도 '장난감은 생일에 사자'라며 규칙을 꺼낼 수 있다. 일방적이 아니라 서로 이야기해서 양보하는 방향으로 이야기를 하자. **'안 돼'라고 부정하는 것이 아니라 '○○하자'라는 긍정형으로 이야기**를 하면 아이도 긍정적으로 행동하기 쉬워진다.

　규칙을 정할 때는 그때의 기분이나 감정이 아니라 부모와 아이가 모두 지킬 수 있는 범위 내에서 눈높이를 맞춰 설정하도록 하자. 아이뿐만 아니라 부모도 규칙을 지키는 것이 중요하다.

바 꾸 어 **120** 말 하 기

 **무심코 꺼낸** 한마디

엄마가 시키는 대로 하면 돼

엄마는 이렇게 생각해. ○○는 어떻게 생각해?

◎ **호감을 주는** 한마디

부모의 지배 아래 자란 아이는 자립할 수 없다

아이를 망가뜨리는 부모에게는 무엇이든 참견을 한다는 공통점이 있다. '엄마가 시키는 대로 하면 돼'가 입버릇인 부모의 지배 아래에 자란 아이는 스스로 생각하기를 포기하고 주체성이 없어지며 부모의 눈치만 살피는 자립심 없는 인간으로 자란다.

반대로 스스로 생각해서 행동할 수 있는 아이로 교육하는 부모는 **'엄마는 이렇게 생각하는데 ○○는 어떻게 생각해?'**라며 아이의 생각을 존중한다. 그 후에 '○○는 그렇게 생각하는구나. 그럼 엄마의 생각이랑 어떻게 다른지 생각해 보자'라며 이야기하는 것이다.

예를 들어 '난 공부 못해도 돼'라는 아이에게 '공부를 하면 아는 게 많아져서 재미있으니까 지금은 열심히 하는 게 좋지 않을까?'라고 부모가 이야기했다고 하자. 거기에 '그런데 축구랑 게임도 하고 싶은데'라며 아이가 반론하면 어떻게 대답해야 할까?

거기서 부정하는 것이 아니라 **'그럼 일주일 동안 뭘 얼마나 할지, 같이 얘기해서 정해 보자'**라고 제안해서 함께 계획을 세우자.

아이의 주장을 일단 받아들이고 그 이유를 묻는 것이 중요하다. 그리고 부모의 의견을 얘기해서 무엇을 어떻게 할지 상담하여 마지막에는 본인에게 정하도록 하는 것이다. 약속을 지키지 못했을 때는 어떻게 할지까지 아이와 이야기해서 확실히 정해 두면 아주 좋다.

❌ **무심코 꺼낸** 한마디

공부해

↓

공부하자

◎ **호감을 주는** 한마디

'공부해'라고 하면 할수록 공부가 더 싫어진다

부모가 아이에게 강요를 하면 아이의 성장에 악영향을 미칠 뿐이다. 아무리 생각해도 '강요'에는 단점밖에 없다.

　그중에서도 '공부해'는 아이가 점점 공부를 싫어하게 되는 대표적인 강요인데, 무의식중에 일상적으로 말하는 부모가 많지 않을까?

　'공부해'라는 말을 듣고 마지못해 책상으로 향해도 **시켜서 하는 일**'이라는 느낌이 있으면 공부가 잘되지 않고 머리에 들어오지 않는다. 그래도 혼나고 싶지 않아서 숙제가 있다는 사실을 숨기거나, 답지를 베껴서 억지로 완성하는 등 잔머리를 굴리는 아이도 생긴다. 아무튼 본인의 의욕이 없이 공부하는 것만큼 비효율적인 것도 없다.

　아이의 사기를 올리려면 '○○해'가 아니라 '○○하자'라는 말이 기본이다. 그리고 **부모도 같이하는 것이 중요**하다.

　먼저 준비를 하자. 아이가 스스로 순서에 맞게 행동할 수 있게 되면 부모는 자신의 일이나 취미 등 다른 일을 해도 좋다. 책을 펼치고 컴퓨터로 작업을 하는 등 아이와 함께 행동하는 자세가 중요하다. 그러려면 독립된 아이의 방이 아니라 거실이나 식탁을 활용하면 무리 없이 이어갈 수 있다.

　습관이 될 때까지 인내심을 갖고 같이 달리는 것이다.

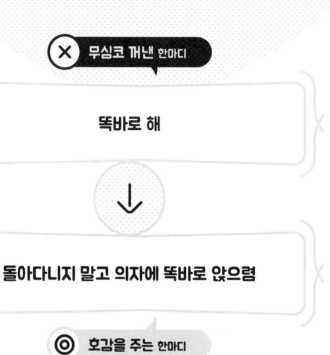

바꾸어 **122** 말하기

❌ **무심코 꺼낸** 한마디

똑바로 해

↓

돌아다니지 말고 의자에 똑바로 앉으렴

◎ **호감을 주는** 한마디

'똑바로', '제대로'에는 구체적인 지시어를 덧붙인다

43 페이지에서도 설명했듯이 '똑바로 해', '제대로 해'라는 말은 어른이 들어도 막연한 표현이다. 상대가 아이라면 더 그럴 것이다.

무엇을 어떻게 해야 좋을지 전혀 모르겠는 **두루뭉술한 표현**으로는 아무리 주의를 줘도 바라는 결과를 기대할 수 없을 것이다. 이때는 아이가 이해할 수 있는 말로 해야 할 일을 **자세하게 지시하는 것이 중요**하다.

예를 들어 상가에서 뛰어다니는 아이에게 '똑바로 해'라고 말하면 **뭘 어떻게 해야 할지 모르기 때문**에 일단 뛰어다니는 걸 멈춘다 해도 다시 똑같은 행동을 되풀이할 가능성이 높다. 뛰지 말라는 뜻을 아이가 이해하여 행동을 멈춘 것이 아니기 때문이다.

만약 부모가 아이에게 잠깐 얌전하게 의자에 앉아 있길 바란다면, '무릎을 딱 붙이고 앉아서 5분 동안 아무 말도 하지 않는 거야'라고 구체적인 행동까지 지시를 내릴 필요가 있다.

시간을 이해하지 못한다고 해도 구체적인 숫자를 쓰자. 또한 이때 그림책 등 아이가 흥미를 가질 만한 것이 있으면 더 좋다.

이렇게 '똑바로', '제대로' 등의 '두루뭉술한 표현'에는 반드시 구체적인 지시어를 덧붙이는 것이 핵심이다. 그 한마디가 있느냐 없느냐에 따라 이해도가 달라지는 것이다.

바 꾸 어 **123** 말 하 기

 **무심코 꺼낸** 한마디

그러니까 내가 말했잖아

↓

다음부터는 조심하자

 호감을 주는 한마디

'그러니까 내가 말했잖아'는 아이를 지배하는 말

어른이라도 남에게 듣고 싶지 않은 말은 아주 많다. 그중에서도 실패했을 때 바보 취급하며 **'그러니까 내가 말했잖아'**라며 자신의 정당성을 주장하는 표현은 사람을 발끈하게 만드는 원망스러운 말이다. 성장 과정에 있는 아이는 당연히 못하는 것이나 모르는 것이 아주 많다. 그런데 하나하나 부모가 이기기라도 한 듯한 표정으로 '그러니까 내가 말했잖아!', '거 봐, 내가 뭐랬어'라며 차갑게 내치면 자기혐오에 빠져 자신감을 잃을 뿐이다.

'그러니까 내가 말했잖아'라며 아이를 비난하는 것은 '내가 하는 말을 안 들으니까 실패했잖아. 말을 안 들은 너한테 문제가 있어'라고 단정 짓는 것이나 마찬가지다. 이는 아이의 성장을 저해하는 인격 부정 표현이다. 그런 말을 들으며 자란 아이는 부모의 눈치만 살피며, 하고 싶은 말을 하지 못하는 어른이 될 가능성이 있다.

아이를 망가뜨리지 않기 위해서는 **'다음부터는 조심하자'**라는 한마디만 하면 된다. '내가 할래!'라고 주장하다 실패했다면 **'어떻게 했으면 성공했을까?'**라고 물어보자. 그러면 스스로 생각하는 힘을 기를 수 있다.

아이는 부모의 분신이 아니다. 다른 인격을 가진 인간이므로 생각대로 되지 않는 것은 당연하다. 그 부분을 착각해서 부모가 고압적으로 지배하거나 권력으로 묶어 두려고 하면 장래에 그 아이에게 부정적인 반동이 생겨난다. 실패도 성장의 하나인 것이다.

바 꾸 어 **124** 말 하 기

❌ **무심코 꺼낸** 한마디

100점을 받다니 장하다

매일같이 공부 열심히 했잖아

◎ **호감을 주는** 한마디

결과가 아니라 과정에서의 노력을 인정하고 칭찬하라

아이에게 부모는 절대적인 존재다. 그러한 부모에게 인정을 받고 싶어 하는 마음은 당연하다. 부모는 그 마음을 충족시키기 위해서 **칭찬하기, 인정하기, 감사하기, 위로하기**를 해야 한다. 따라서 잘한 일을 칭찬하는 것은 아주 좋지만, 칭찬하는 말에 '평가'를 더하게 되면 의미가 달라진다.

'100점을 받다니 장하다'는 '100점을 받은 넌 장하다'라는 뜻이다. 아이는 100점을 받았다는 사실로 존재의 의의를 인정받았다고 느끼게 된다. 그러면 '부모님의 기대에 부응하면 사랑을 받을 수 있고 그렇지 않으면 사랑받을 수 없어'라는 논리가 형성되기 쉽다.

이런 식으로 대하는 일이 많은 부모 밑에서 자라난 아이는 **'부모의 평가'**만을 신경 쓰게 되어 **'부모의 기준'**으로 사물을 생각하게 되며 자신의 축이 성장하기 어려워진다. 그러면 인생에서 무슨 나쁜 일이 있었을 때 '이렇게 된 건 부모님 때문이야'라며 책임전가를 하게 된다.

그렇게 되지 않기 위해서는 **'결과'가 아니라 '본인이 했다는 것'**을 **칭찬해야 한다.** 시험에서 100점을 받았다 해도 '매일 공부하면서 열심히 했잖아'라며 노력을 인정하는 것이다. 심부름을 해 준다면 **'장하다'가 아니라 '너무 기뻐'**라며 마음을 전하는 것이다. 본인의 행동이나 노력을 칭찬하고 인정하고 마음을 과장해서 전달해 줄 것. 그러면 아이의 승인 욕구가 충족되어 쑥쑥 성장하게 된다.

바 꾸 어 **125** 말 하 기

 무심코 꺼낸 한마디

창피하니까 울지 마

우는 것보다 웃는 게 더 예뻐~

◎ 호감을 주는 한마디

창피한 건 부모님이다. 아이가 그 행동을 하는 데는 의미가 있다

전철이나 공공장소에서 아이가 울거나 칭얼대면 '창피하니까 울지마!', '꼴사납게 그렇게 칭얼댈래?'라며 아이를 다그치는 부모를 자주 본다. 하지만 이는 부모가 창피하고 꼴사납다고 생각하는 것이지, 아이는 그렇게 생각하지 않으니까 우는 것이다.

아이의 마음은 복잡해서 부모에게 관심을 받기 위해 일부러 울 때도 있다. 사춘기 아이가 나쁜 짓을 하는 것도 자신의 모든 것을 받아주길 바라는 마음에서 그러는 것이다. 어떻게 보면 부모를 시험한다고도 할 수 있다. 어린아이들도 마찬가지로 꾸중을 듣거나 혼이 나더라도 좋아하는 아빠 엄마에게 관심을 받고 싶어 우는 것이다. 그러나 아이들의 마음을 이해하지 못하는 부모는 그저 성가시다고 생각해 화를 내거나 '네 마음대로 해!'라며 내버려 두기도 한다.

그 악순환을 끊으려면, 우선 아이의 이야기에 귀를 기울여야 한다. 존재 자체가 사랑을 받는다는 것을 느낄 수 있게 하는 것이 중요하다. **'○○는 우는 것보다 웃는 게 더 예뻐'**라며 **긍정적인 말을 해 주면** 아이도 안심하고 부모의 말을 받아들일 수 있게 된다.

아이의 행동에는 반드시 의미가 있다. 그 의미를 이해하고 곁에 다가갈 것. 그리고 애정을 듬뿍 쏟으면 아이도 안심하고 사태가 호전되는 일이 많다.

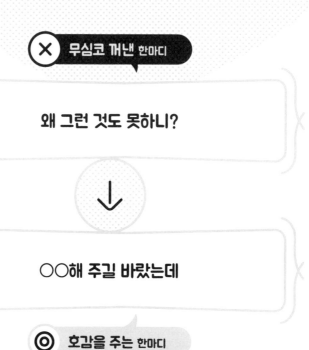

바 꾸 어 **126** 말 하 기

✕ 무심코 꺼낸 한마디

왜 그런 것도 못하니?

↓

○○해 주길 바랐는데

◎ 호감을 주는 한마디

못한다고 비난을 받는 아이는 점점 자신감을 잃는다

공부, 운동은 물론 식사, 심부름 같은 생활 습관까지 아이들은 성장 과정에서 많은 것들을 배우며 조금씩 익힌다. 당연히 한두 번 배운 것으로는 익히지 못할 때도 있다. 그런데 '왜 그런 것도 못하니?'라며 나무라면 아이는 점점 자신감을 잃게 된다.

아이의 입장에서 생각해 보자. 못한다고 혼이 나는 것만큼 괴로운 일은 없다. 그러나 부모가 되면 아이가 자신이 원하는 대로 되길 바라는 마음에 본인의 마음을 객관적으로 볼 수 없게 될 때가 많다.

기대에 부응하지 못해 아쉽다면, '엄마는 ○○가 스스로 학교 준비를 해 주길 바랐는데'라는 식으로 **자신의 마음**을 말하자. 육아를 할 때도 '아이(I) 메시지'가 기본이다. 또한 아이가 의욕이 없는 일이나 싫어하는 일은 억지로 시키려고 하지 말고 '자잘한 성공 체험'을 쌓아가도록 도움을 주자.

인간에게는 장점과 단점이 있고, 잘하는 것과 못하는 것도 있다. 못하는 것이나 하고 싶지 않은 일을 끈질기게 시키려고 하는 것은 명백한 괴롭힘이다. 아이의 자존심에 상처를 주지 않기 위해서도 못했다고 해서 화를 내지 말고 되도록 도움을 주자. 그리고 '○○해 주길 바랐는데'라며 마음을 전달하는 습관을 들이면, 아이도 웃음을 찾을 수 있을 것이다.

바 꾸 어 **127** 말 하 기

 **무심코 꺼낸** 한마디

말 안 들으면 밖으로 내쫓을 거야

◎ 호감을 주는 한마디

말을 안 들으면 엄마 슬퍼

협박을 하거나 내팽개치는 언어폭력은 학대다

육아가 생각대로 잘되지 않을 때, 나쁜 일을 끌고 와서 아이를 협박하는 부모가 있다. 말대답을 하거나 대드는 아이에게 '그러면 밖으로 내쫓을 거야!', '말 안 들으면 엄마 도망갈거야!'라는 말까지 하는 부모도 있다.

이는 '말 안 들으면 무시무시한 일을 겪게 될 거야. 힘들게 할 거야'라며 협박을 해서 뿌리치는 것이나 마찬가지다. '공부 못하는 애는 엄마도 이제 몰라!', '청소 안 하면 맴매할 거야', '나쁜 짓하면 경찰 아저씨가 잡아가신다'라는 말도 모두 **아이를 위협하는 말**이다.

특히 공부를 시키려고 언어폭력으로 아이를 협박하거나 상처 주는 것은 요즘 '교육 학대'라고 불리며 크게 문제시되고 있다. 부모에게 협박을 받으면 아이는 위축되어 잠자코 착한 아이인 척을 하는 경우도 적지 않다. 그러나 아이가 참고 부모 말대로 행동한다 해도 언젠가는 한계가 찾아온다.

아이가 말을 듣길 바란다면 **'말 안 들어서 엄마 너무 슬퍼'**라며 먼저 자신의 마음을 전달하자. 그 후에 아이의 마음도 듣고 나서 **'그럼 어떻게 할까?'**라며 대화하는 것이다. 거기서 서로 이해할 수 있는 해결책을 생각하면 아이의 의사도 존중하게 되고 부모자식 사이의 신뢰 관계를 다질 수 있다.

✕ 무심코 꺼낸 한마디

실수하지 마

↓

평소에 하던 대로 도전하고 와

◎ 호감을 주는 한마디

'실수하지 마'라는 말 때문에 점점 더 부담을 느껴서 실수하게 된다 중요한 시험이나 발표회 전처럼 아이가 걱정되어 실수하지 않도록 조심하길 바라는 마음에서 '실수하지 마'나 '틀리지 마'라고 말을 한 적은 없는가?

어른도 마찬가지겠지만 **그런 말을 들으면 부담감은 더 커진다.** '실수하면 안 돼', '틀리면 안 돼'라고 생각할수록 더 긴장해서 위축되기 때문이다. 그러면 원래 할 수 있는 것도 부담감 때문에 제 실력을 발휘하지 못하게 되는 경우가 적지 않다.

오히려 아이에게 필요한 것은 작은 실수를 많이 쌓아가는 것이다. 그렇게 반복하면서 실수하더라도 회복할 수 있는 힘을 배우고, 사소한 일로 주눅 들지 않는 강인한 마음이 자라나는 것이다. 따라서 부모는 아이가 위험에 노출되지 않는 범위 내에서 **'실수해도 돼!'**라는 마음을 갖는 것이 좋다. 실수를 두려워하지 않는 강한 아이로 키우고 싶다면 **'하던 대로 해'**라는 말이 아이에게도 더 안심이 된다.

인간에게는 '자아실현 욕구'가 있다. 심리학자 매슬로(Maslow)의 '욕구 5단계 이론'에서 설명했듯이, 자아실현 욕구란 자신의 능력이나 가능성을 최대한으로 발휘해서 이상적인 모습으로 다가가고 싶다는 욕구를 말한다. 아이가 다양한 형태로 자아실현을 꾀하려는 진취적인 어른으로 자라나는 것을 위한다면 자아실현 욕구를 발휘할 수 있는 '환경'을 제공해 주어야 한다.

제 15 장

갑질이 되기 쉬운 말들

갑질의 행위자(가해자)가 되기 쉬운 사람들은 사물을 승패로 판단하고 ○○해야 한다는 주장이 강하다는 특징이 있다. '난 갑질 같은 거 안 해'라고 말하는 사람일수록 스스로 객관화가 되지 않기 때문에 행위자가 되는 경우가 적지 않다.

2019년 7월, '직장 내 괴롭힘 금지법'이 시행되었다. 부당노동행위, 직장 내 따돌림이나 차별과 강요, 상사의 갑질 등을 법적으로 제재하고자 마련된 법안이다. '직장 내 괴롭힘'은 직장 내 관계 또는 지위의 우위를 이용했는지, 업무상 적정 범위를 넘었는지, 신체적 정신적 고통을 주거나 업무 환경을 악화시켰는지 등을 판단 기준으로 삼는다.

어떤 말을 쓰거나, 어떻게 행동을 하면 상대방을 곤란하게 하고 갑질이 되는 걸까? 이번 장을 통하여 자신을 돌아보길 바란다. 자신을 이해하려는 사람은 타인도 이해하려고 한다. 자신을 소중히 여기는 사람은 타인도 소중히 여긴다. 서로 배려하고 이해할 줄 아는 관계성을 만들어 가길 바란다.

일단 나 하는 대로만 하면 돼, 하면서 배워

부하가 스스로 생각해서 일하길 바라는 상사들은 많을 것이다. 그러나 '이것저것 지적하기보다 일은 하면서 배우면 되니까 자주적으로 행동하길 바라'라는 지도 방침은 상사와 부하 사이를 **엇갈리게 할 수 있다.**

부하에게 업무에 대한 교육과 지시를 명확하게 전달하지 않는다면 부하의 입장에서는 매우 난처한 상황이 될 것이다. **'말하지 않아도 곧 알게 되겠지'**라는 생각은 트러블의 원인이 된다. 이런 생각은 이후에 '그것도 몰랐어?', '이 정도는 기본 아니야?'라는 식의 갑질로 이어지기 쉬우므로 주의하도록 한다.

바 꾸 어 **130** 말 하 기

뭐든지 얘기해.
하지만 바쁘니까 다음에

✕

'이중구속(더블 바인드)'은 두 가지 모순된 명령을 하여 상대로 하여금 아무 것도 할 수 없는 상태로 만드는 것을 말한다. '뭐든지 얘기해'라고 해 놓고선 막상 얘기하려고 하면 '바쁘니까 다음에'라며 무시하는 상사가 있다.

'자립해, 하지만 부모한테서 떨어지지 마', '하고 싶은 거 해도 돼, 하지만 성공해야 돼', '결혼해, 그런데 그 사람은 안 돼'라며 부모가 자식을 이중으로 묶는 경우도 있다.

상대를 휘둘러서 마인드 컨트롤을 하는 것은 정신적 갑질에 해당하는 행위가 될 수도 있다. 부하를 지도하거나 육아를 할 때, 자신이 이중구속을 하고 있지는 않은지 의식하도록 하자.

왜 안 했어? / 왜 이렇게 됐어? ✕

'왜?'는 간혹 **위험한 질문이 되어 상대를 추궁**하는 말로 사용될 때가 있다. 머리로는 알면서도 손을 쓸 수가 없는 '생각'을 안고 있는 일이 많은데, 그 때문에 '왜'라는 물음에 답하는 것이 어렵다.

'왜 안 했어?', '왜 이렇게 됐어?'라며 상황을 확인해서 추궁하는 것을 '조사적 대응'이라고 한다. '상황을 파악하지 않으면 대처할 방법이 없다'라며 문제 해결을 지향하는 사람이 빠지기 쉬운 행동이다. 하지만 이는 추궁, 협박, 질책으로 여겨질 위험성이 크다. 물론 원인 규명이 필요할 때도 있지만, 그 전에 **먼저 상대방의 의향이나 마음을 묻도록 하자.**

바보 멍청이 등신 (폭언, 욕설, 막말) ✕

'**요즘 시대에 이런 말을 하는 사람이 있다고?**'라고 생각할지 모르겠지만, 실제로 있다. 조직에서는 지위나 근속 기간에 따라 상하 관계가 명확해지는데, 윗사람이 아랫사람을 공격하거나 제어하면 갑질로 이어지기도 한다. 그중에서도 바보, 멍청이, 등신 등 **인격 부정을 하는 말로 상대를 모욕하는 것**은 최악이다. 본인 그 자체의 가치를 멸시하는 말이다.

상사의 욕설이나 폭언, 동료의 험담 등을 견디지 못해 극단적 선택을 하는 사건도 많이 있다. 부하 교육을 위해 잘못을 나무라는 의도라며 큰 문제가 되지 않을 것이라고 생각하는 사람일수록 갑질의 가해자가 되기 쉬우니 조심하자.

어려서 좋겠다 / 남자가 뭐 그래 ✕

사회 생활을 하면서 대화 중에 성별, 연령, 외모를 언급하는 것은 매우 부적절하다. '어려서 좋겠다', '여자는 좋겠다'라며 칭찬할 생각으로 말하는 것은 물론이고, '머리 왜 잘랐어?', '웬일로 치마를 입었어?' 등 외모에 관한 무신경한 질문도 남녀차별이나 성희롱으로 받아들이는 사람이 늘어나고 있다.

'여자가 뭐 그래', '남자면서'도 역시 부적절한 표현. 그러한 인식은 편견을 낳고 차별로 이어지는 행동으로 발전하기 쉬워진다. 따라서 직장에서는 **성별, 연령, 외모에 관한 발언**을 자제하도록 하자.

야~ / 너~ / 거기 미스김 / 우리 귀염둥이 ✕

직장 내 갑질 중 '비인격적 대우'에 해당하는 많은 사례는 부적절한 호칭을 사용하는 것이다. **부하직원을 부를 때는 올바른 호칭을 사용하여 서로 존중하는 직장 분위기**를 만드는 것이 중요하다.

아무리 상사라고 해도 '야~', '너~' 또는 본인이 일방적으로 정한 별명을 불러 상대를 불쾌하게 만들었다면 직장 내 괴롭힘에 해당된다.

요즘은 수평적 문화를 위해 직급을 없애는 회사도 늘어나고 있는데, 무엇보다 중요한 것은 **상대를 무시하거나 갑질하는 상사의 태도**를 우선적으로 고쳐야 할 것이다.

그걸 꼭 제가 해야 하나요?

업무와 관계없는 **허드렛일을 지시하거나 상사의 사적인 일을 업무시간에 시키는 행위**는 '직장 내 괴롭힘'의 주요 사례로 확인되었으며, 누가 보더라도 명백한 갑질이라고 할 수 있으므로 굳이 따로 설명하지는 않겠다.

반면 회사에서 상사가 지시한 **정당한** 업무에 대해 '그걸 꼭 제가 해야 하나요?'라는 말로 거절하는 사람이 있다. '대단한 일이 아니면 하고 싶지 않다', '하찮은 일은 하고 싶지 않다'라는 다른 뜻에서 **'왜 제가 해야 돼요?', '저 아니라도 할 수 있는 일 아닌가요?'**라고 받아치는 사람도 있는데, 사회생활에서는 어울리지 않는 이기적인 말이다. 개인과 직장, 상사와 부하 사이의 이상적인 관계를 위해서 각자 본분에 맞는 생각과 행동을 고민하자.

싫어요 / 하고 싶지 않아요 ✕

어떤 부탁을 받았을 때, '싫어요', '하고 싶지 않아요'라고 바로 대답하는 것은 별로 좋은 자세는 아니다.

최근에는 IT 기술에 약한 상사에게 경험이나 지식이 풍부한 부하가 이러한 대답으로 짓궂게 구는 정신적 갑질 사례도 일어나고 있다. **비즈니스 현장에 '사적인 감정'을 갖고 오는 것은 금지**다. 정말 못하는 것은 수락할 필요가 없다. 그러나 귀찮다고 해서 감정이 가는 대로 대응하는 것은 마땅치 않다.

직장에서는 하급자를 위한 갑질은 물론, 반대로 상급자를 괴롭히는 역갑질도 종종 있다. 정상적인 업무 지시를 회피하거나 마음에 들지 않은 상사를 무시하고 공개적으로 망신을 주는 행위가 반복된다면 이것 또한 직장 내 괴롭힘이다.

괜찮긴 한데~

인간관계가 잘 풀리지 않는 사람 중에는 **상대방에게 불쾌감을 주는 입버릇이 습관인 사람**도 있다. '괜찮긴 한데~', '○○이긴 한데~'가 그 대표적인 표현인데, 역접의 뜻이 있어서 '좋지 않다', '○○가 아니다' 라는 뜻으로도 받아들일 수 있다.

'조금 더 알기 쉽게 설명해 주면 좋겠는데(=요구)', '조금 더 빨리 말해 주면 좋았을 텐데(=책임 전가)', '어차피 안될 텐데(=경멸)', '이제 그만 좀 끝냈으면 좋겠는데(=에두른 압력)', '저 사람 성격은 괜찮은데 (=비방)' 등이 그 예이다.

'○○이긴 한데'가 입버릇인 사람은 주의하자.

그런데 / 왜냐면 / 그렇지만 / 아니 근데 ✕

남이 이야기한 것에 대해 입버릇처럼 '그런데', '그렇지만', '왜냐면', '아니 근데'라는 말을 많이 쓰는 사람이 있다. '그런데 시간도 없고', '왜냐면 안 되잖아요', '그렇지만 어떻게 할 수가 없어', '아니 근데 원래 모르니까'라는 식으로 이런 말들 뒤에는 반드시 부정적인 내용이 따라온다. 상대는 자신이 한 말을 부정당하는 듯해서 기운이 빠질 것이다.

확실한 반대 의견이 있는 것도 아닌데 **부정적인 말부터 시작하는 것이 버릇이 된 사람**은 이 네 가지 말을 쓰지 않도록 의식하자. 그러면 사람들이 떠나가는 것을 막고 호감을 주는 사람이 될 것이다.

맺음말

　우리는 언어를 자유롭게 구사할 줄 안다고 생각하기 쉬운데, 사실은 정해진 몇 가지 문구를 반복해서 쓰는 것뿐이다. 의외로 적은 어휘로도 충분하기 때문에 늘 쓰던 말을 쓰게 된다. 그래서 습관이 된 입버릇은 항상 무심결에 밖으로 튀어나온다. 그 말이 상대방을 궁지로 몰아넣고, 자신에게도 되돌아오는 말이라면 어떨까? 게다가 그 말을 무의식중에 쓰고 있었다면…….

　말 한마디로 힘을 받는 일이 있는가 하면, 반대로 심하게 기운이 빠지고 계속 머리에 맴돌아 점점 더 기분이 나빠질 때도 있다. 개인적으로도 그런 일은 자주 일어난다. 그럴 때마다 '나는 그런 말 안 쓸 거야!'라고 마음속으로 맹세한다. 의식을 하지 않으면 무심코 사용할지도 모르지만, 적어도 쓰지 않도록 주의는 하고 있다.

　강사라는 일을 하면서도 매일 노력에 노력을 더하고 있다. 걱정이 많은 성격이라 자신이 한 말이 다른 사람에게 상처를 줄까 봐 고민하는 게 싫어서 신중해지는데, 그건 어쩌면 미운 사람이 되고 싶지 않다는 자기방어일지도 모르겠다. 그러나 자신을 지키는 것은 무척 중요하다.

나는 카운슬링이나 연수를 할 때 항상 '자신을 소중히 여겨라'라는 메시지를 전하려고 한다. 카운슬링을 하면서 스스로를 홀대하는 사람이 무척 많다는 점을 자주 느낀다. 자신의 마음에 귀를 기울이지 못한다는 것이다. 우리는 '자신의 마음'을 애써 외면하며 어떻게든 타협점을 찾아 매일을 살고 있다. 그래서 자신을 들여다보는 것이 어려워 그 마음을 파악하지 못하는 것이다.

'자신의 마음'을 꾹 눌러 담고 상대방을 우선시하면 참고 견디는 일이 늘어난다. 그러다 상대방이 자신의 원하는 반응을 해 주지 않으면 '나는 이렇게 해 줬는데 뭐야!'라며 자신을 이해해 주지 않는다는 슬픔과 분노로 바뀌기 쉬워진다. 자신을 억압하는 탓에 마음에 여유도 없다. 결국 상대방에게 공격적인 태도를 보이게 되고, 그걸 받은 사람도 똑같이 공격을 하는 악순환이 일어나는 것이다.

타인과 관계를 맺는 과정에서 스스로도 파악하지 못한 마음을 안고 자신의 의사를 전달하기란 매우 어려운 일이다. 그런 상태로는 아무리 노력해도 서로 이해하지 못한다. 커뮤니케이션이란 상대가 있어야 성립하기 때문에 아무래도 상대방에게 눈길이 가기 마련이지만, 사실 그렇지 않다. 커뮤니케이션의 옳고 그름은 '자신의 자세'로 정해지는 것이다. 자신의 의사나 생각을 파악했을 때 남에게도 그것을 전할 수 있는 것이다. 이는 서로를 이해하기 위한 기본이다.

　'호의의 반보성(返報性)'이라는 말을 들어본 적 있는가? 호의를 갖고 대하는 상대에게는 호감을 받는다는 뜻이다. 그러나 그것을 타인에게 바라기란 어려우므로, 먼저 들었을 때 편안한 말을 쓰도록 하자. 그러면 타인의 반응도 달라진다.

　타인이 정중하게 대해 준 경험을 쌓고 쌓으면 스스로도 자신을 인정하게 되고 자기긍정감도 높아진다. 자기긍정감은 행복하게 살아가는 원동력이다. 따라서 자신을 위해서라도 스스로 내뱉는 말에 주의를 기울이면 좋겠다.

'가는 말이 고와야 오는 말이 고운 법'이다.

부디 이 책을 통해 자신이 내뱉는 말에 조금이라도 주의를 기울여 보자. 아주 사소한 '바꾸어 말하기'로 당신 자신이나 주변 사람 모두 행복해지기를 바란다.

나도 타인도 소중히 여기며 풍부한 인간관계를 구축하는 데 도움이 됐으면 좋겠다.

오노 모에코